2012 서대문 문인협회 이모저모

▲ 한국문인협회 서대문지부장 인준장

▲ 서대문문인협회 이사회

2012 서대문 문인협회 이모저모

▲ 2012년 서울 실크로드 문학인 대회

▲ 신예문 시인

▲ 차혜숙 수필가

2012 서대문 문인협회 이모저모

▲ 이강흥 시인

▲ 신순예 시인

▲ 이미영 시인

▲ 김채영 시인

2012 서대문 문인협회 이모저모

▲ 2012년 서대문문인협회 책나눔 행사

▲ 2012년 서대문문인협회 책나눔 행사

2012 서대문 문인협회 이모저모

▲ 2012년 경주 문학기행

▲ 2012년 국제원자력안전학교 방문

2012 서대문 문인협회 이모저모

▲ 2012년 문학기행

▲ 2012년 문학기행

▲ 2012년 문학기행

▲ 2012년 경주 문학기행

2012 서대문 문인협회 이모저모

▲ 2012년 경주 문학기행

▲ 2012년 가을여정 '이웃을 만나다' 시 낭송회

서대문문학

2012

통권 제9호

서대문문인협회

서대문문학 2012년 제9집

초대석

Contents

신작시

서대문문학 2012년 제9집

신작시

민조시

시조

Contents

동화

수필

소설

발/간/사

서성택
(서대문문인협회 제5대 회장)

문학의 가치성을 드높인
서대문문인협회 회원님들께!

존경하는 서대문 문인님들께 건승을 기원합니다.

서대문 문인협회 문학지 제9집을 발간하면서 동참하여 주신 회원 여러분께 진심으로 감사드립니다. 여러분의 지대한 협조로 문학지를 무난히 발간하게 되었습니다.

그리고 한국문인협회 각 지부장님게서 초대 詩특집에 참여하여 주심에 감사드리고 일반 초대시에 참여하신 분들께도 깊은 감사드립니다.

오늘 문학지 출판기념회에 참여하여 주신 내외 귀빈 여러분께 깊은 감사드립니다.

문인이라면 다 아시는 바입니다마는 문학이란 인간이 창조적인 가장 뛰어난 예술이라 할 수 있을 것입니다. 우리 서대문문인님들은 아낌없이 좋은 글을 광주리에 담아 줌으로 훌륭한 문학지를 발간함에 깊은 감명을 느낍니다.

문학은 인간사회의 정화의 길잡이라 할 수 있으며 사악을 깨우쳐주는 스승이라 할 수 있습니다. 그래서 문학의 향기는 오천년의 역사속에 담겨 인간의 올바른 길목을 선도하였습니다. 앞으로도 우리 문인은 지위고하에 얽매이지 않고 문학의 굳은 자세와 지조를 굳건히 지키면서 혼탁한 이 사회를 정화하는데 지대한 노력이 필요로 합니다.

문학이란 진실탐구의 예술임을 승화시켜 좋은 작품으로 향상시켜 독자님들의 호응을 받아야 하는 문학지가 되어야 함을 되새겨 봅니다.

우리 문학이 세계속에 파고들어 참된 문화발전에 이바지할 것을 다짐하면서 발간에 대한 인사말씀을 마무리 합니다.

감사합니다.

정종명
(한국문인협회 이사장)

마지막까지 최선을 다해 쓰는 작가들

저는 10여 년 전에 잠실에서 살았습니다. 기회 있을 때마다 한강 둔치에 나갔는데, 아주 가끔 낯익은 마라톤 선수를 보았습니다. 황영조 선수였습니다. 어떤 때는 두세 명이 어울려 뛰기도 했는데, 대개는 황영조 선수 혼자 외롭게 뛰는 모습을 엿보았습니다.

어느 날인가는 제가 "화이팅!" 하고 외치면서 손을 들어 보였더니, 그 선수도 웃으면서 손을 살짝 들어 보였습니다. 그 선수와 저의 인연은 그게 전부였습니다.

그 황영조 선수가 바르셀로나 올림픽경기 때, 마라톤에서 우승하고 나서 기자들과 인터뷰를 했습니다. 그때 그의 대답 중에 "훈련 중에 그만 물에 빠져 죽어 버렸으면 좋겠다는 생각을 한 적이 한두 번이 아니었다."고 회고했습니다. 훈련이 얼마나 힘겨웠으면 그런 답변을 했겠는가.

올림픽경기에 출전한 선수들을 보면 어떤 종목의 경기이든 우승자는 대개가 기진맥진해 있습니다. 황영조 선수도 골인 지점을 통과한 후 몇 발짝 더 가지 못하고 운동장에 쓰러지고 말았습니다. 나중에 황영조 선수가 그랬습니다. "태극기를 높이 들고 흔들면서 운동장을 한 바퀴 더 못 돈 것이 아쉽다."고. 기분은 이해하겠는데, 그런 여력을 비축하고 뛰었더라면 그가 과연 그 경기에서 우승할 수 있었을까요? 골인 지점을 지나자마자 쓰러져 버릴 정도로 마지막까지 혼신의 힘을 다해 뛰었기 때문에 우승의 영광을 차지했다고 저는 봅니다.

그런데 우리 문인들은 어떻습니까. 우리 문인들은 흔히 '뼈를 깎는 고통' 이니 '피를 말리는 작업' 이니 하면서 글쓰기가 얼마나 힘든 고통인지를 비유로 하소연을 늘어놓습니다. 마라톤 선수나 글을 쓰는 문인이나 '혼자' 라는 사실은 같습니다. 그렇지만 우리 문인이 황영조 선수처럼 마지막까지 혼신의 힘을 다해 가면서 글을 쓰는 문인이 과연 몇 명이나 되는지 묻고 싶습니다. 입으로는 이런저런 고통을 호소하면서도 사실은 적당히 자족(自足)해 버린 작품이 대부분이 아닌지 반성해 봐야 합니다.

쓰다가 적당히 자족해 버린 작품과 고치고 또 고치면서 마지막까지 최선을 다해 쓴 작품은 어디가 달라도 다릅니다. 마지막 순간까지 혼신의 힘을 다해 쓴 작품은 독자의 기억 속에 오래 살아 남는 명작이 되지만, 쓰다가 적당히 자족해 버린 작품은 그저 그렇고 그런 태작이 되고 맙니다. 그저 그렇고 그런 태작은 스무 편, 백 편을 쓴들 무슨 소용입니까. 많은 작품을 남기려고 욕심 내지 말고, 독자가 오래 기억하는 명작 한 편을 쓰기 위해 피나는 노력을 거듭하는 진짜 문인이 되어야 합니다.

〈서대문문학〉에 참여하는 서대문문인협회 회원 모두가 마지막까지 최선을 다하는 진짜 문인들이기를 기대합니다. 그런 의미에서 앞장서서 수고를 아끼지 않으시는 서성택 지부회장님을 비롯한 관계자 여러분의 노고에 감사와 격려의 말씀을 전합니다. 고맙습니다.

축/사

문석진
(서대문구청장)

서대문 지역 문인들이 정성스럽게 쓴 글을 엮은『서대문문학』제9집을 발간하게 된 것을 진심으로 축하드립니다.

문학은 인류의 희노애락과 역사를 담아왔으며, 사람들의 마음을 움직이고 위로하는 큰 힘이 있습니다. 단순히 개인의 기록물이 아니라, 시대를 담는 그릇이자 창의력의 원천이 되는 큰 역할을 하고 있는 것입니다.

문학이 주는 정서적 풍요로움과 상상력의 깊이를 생각할 때, 요즘 청소년들이 책을 멀리하고 게임과 스마트폰에 열광하는 현실이 무척 안타깝습니다.

이번에 발간되는『서대문문학』이 구민들에게 문학속에서 성찰하고, 소통받고, 위로받는 매개체가 되리라고 기대합니다. 앞으로도 문인협회에서 더욱 창작활동에 매진하시어 구민들에게 문학의 가치와 즐거움을 전파하는데 기여해주시기를 바랍니다.

어려운 상황속에서도 문학지를 발간하신 문인협회 서성택 회장님 이하 회원 여러분들의 노고에 심심한 경의를 표하며 다시 한 번 축하의 말씀 드립니다.

축/사

신현준
(서대문 문화원장)

안녕하세요?

서대문문화원장 신현준입니다.

국화향기 가득한 만추의 계절에 서대문문학 제9집 발간 및 출판기념회 개최를 서대문 문화원 회원 가족여러분과 함께 진심으로 축하드립니다.

예로부터 우리 서대문구는 쟁쟁하신 문인들께서 집성촌을 이루어 함께 사셨고, 지금도 많은 문인들께서 사시는 유서 깊은 문화예술의 동리입니다.

그 동안 어려운 살림살이에도 불구하고 서대문문학지가 창간에서부터 제9집 발간에 이르기까지 서성택 회장님 이하 문인협회 회원 여러분들의 혼연일체된 협동심과 친화력이 있었기에 가능했으리라 생각됩니다.

문인협회 회원님들의 주옥같은 글귀는 서대문 가족들의 마음속에 그윽한 문학의 향기와 함께 소통과 희망을 불어넣어 주리라 믿어 의심치 않습니다

다시 한번 제9집 서대문문학 발간 및 출판기념회를 축하드리며, 한해를 마무리하는 시점에서 문인협회 여러분의 하시는 사업의 번창과 가정의 평안을 기원합니다.

감사합니다.

초대석

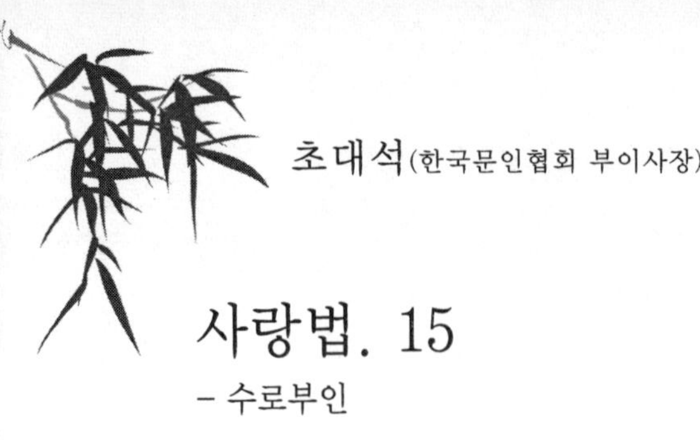

초대석(한국문인협회 부이사장)

사랑법. 15
- 수로부인

김송배

천길 벼랑 아래 지천으로 꽃은 피었는데, 꽃향기 그윽타 그대여, 그 꽃 꺾어 바칠 노인은 지금 찾지 마시라. 그대 흠모하는 뭇 남정네들 떨리는 가슴으로 흔쾌한 한 몸 날려 그 벼랑에서 사랑을 노래하리니. 그대여, 어쩐 일인지 그 소 몰고 지나던 노인 그 순정만큼 진한 사랑의 운율이 아니더라도 이젠 그 꽃 꺾어 바친 사내에게 어떻게 화답할지 그것만 생각하시라. 설령 명주태수 순정공이 잠깐 질투의 불꽃으로 저 사랑의 행렬을 차단하여 가마 문을 닫는 캄캄한 벼랑에서도 암울하여라. 그대에게 안겨준 한 다발 꽃향기는 사랑의 흔적으로 떠돌지니 지금은 그대가 그대 가슴 깊이 묻어둔 꽃 한 송이 꺼내어 사랑의 징표로 공손히 바치시라. 그리하여 어느날 동해 바닷가에서 물 속으로 납치되는 불행을 면하리라. 천길 벼랑 꽃듬에서 강남 제비로 변장한 순진한 거북이가 애원하듯 전해주고 있었다.

사랑법. 16

– 처용에게

말이 필요 없었다. 삼경 지나 중천에 높이 뜬 달빛 사이 흔늘대는 그 아내 다리 곁에 가지런한 또 다른 다리의 그림자. 그는 번뜩이는 눈빛으로 천 년 후의 어느 한적한 러브호텔 창문에 얼비치는 이상한 그림자를 보고 있었다. 사랑하는 이를 범하는 역신이 이 땅 신라에만 있었겠는가. 용서하라 그대여, 분노가 사랑의 춤으로 설득되어진 그대의 사랑법. 참으로 그대가 선천적으로 길들여진 동해 용왕의 아들이 아니라 휘황한 달빛에 취해, 새벽달 밝도록 이 세상 여흥에 취해 그냥 춤사위로 한을 풀어내고 있었겠지. 지금까지 그 아내와 역신과 그대는 아무 말이 없는데, 그래 지금도 교외선 밖 돌담집 음험한 창문에는 엉킨 다리 넷이 분홍빛 알전등을 녹이는 그림자가 되비친다. 천 년 전처럼 덩실덩실 춤이나 추고 있을까나. 말을 잊은 그대여.

김송배

『심상』신인상 등단.
현) 한국문인협회 부이사장. 한국예총 및 국제PEN클럽 한국본부 이사
현) 한국시인협회 심의위원. 목월문학포럼 중앙위원
현) 청송시창작아카데미 회장, 서대문문인협회 자문위원장
윤동주문학상, 탐미문학상. 평화문학상 수상
영랑문학대상. 조연현문학상 수상
시집 : 『여백시편』 등 9권, 평론집 『성찰의 언어』등 5권
시창작법 : 『김송배 시창작 교실』 등 2권
산문집 : 『지성이냐 감천이냐』 등 4권

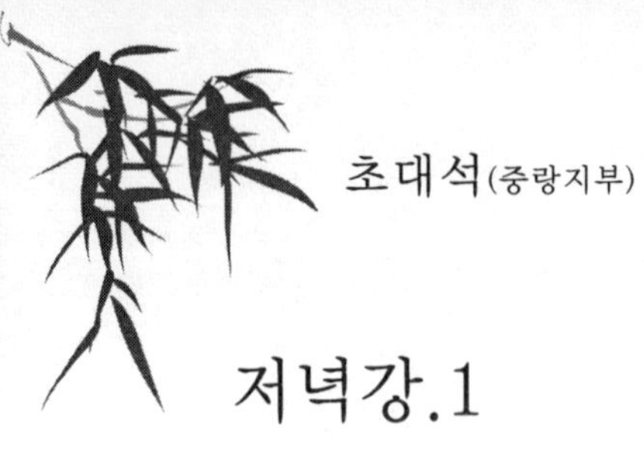

초대석(중랑지부)

저녁강.1

이명혜

시커먼 동굴, 아니 제 몸집보다 더크고 우람한 앞산을 삼킨
강물이 누웠다 굴삭기 트레일러 자동차의 경적소리를 삼키고
시뻘건 아가리로 쏘아대는 저녁강
그 누구도 들은 척하지 않는다
번쩍 일어설듯 , 일어설듯
수초들은 죽은 척 큰 바위에 찰싹 달라붙어 초록바위가되어
누웠다 실뿌리에 매달린 삶의 의지는 멱살이 잡혀 금간뼈를
쉬지 않고 펀치 당해도 실눈만 뜨고 흔들리며 돌아간다

강의 몸을 벗어날 수 없는 갑갑한 영혼이
측은히 제 껍질을 바라보다 급물살에 밀려
뒹굴리며 굴러간다.

이명혜

경남 산청 출생
1967년 경희대 국문과 졸업
시집 : 「지금나는 흔들리고있다」「밤마다키질로 얻은보석」
「고목나무 뒤 숨은 봄」
2002년 중랑문학대상
한국문인협회, 한국시인협회, 경희문인협회 회원으로 활동 중
서울시 중랑문화원 시창작교실을 지도했고 "시마을 3050지도"
현재 중랑문인협회 회장

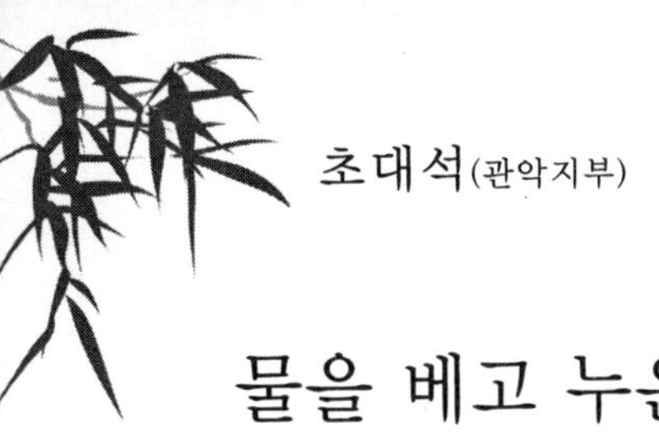

초대석(관악지부)

물을 베고 누운 산

조성국

내가 찾은 호수에는 산이 먼저 와 있다
꽃구름 걸친 산이 거꾸로 박혀 있다
개구리 뛰어든 호수에는
산이 벌떡 일어서고.

거꾸로 누운 산이 파문波紋 속에 벌벌 떨 때
물그림자 지운 산을 가리키는 뱃사공
지워도 지워지지 않는
산이 여기 있다고

물에 든 허상의 꿈을 낚고 살진 않았는지?
진실이 거짓 같고 거짓이 진실 같아
모두는 알맹이 없는
물을 베고 누운 산.

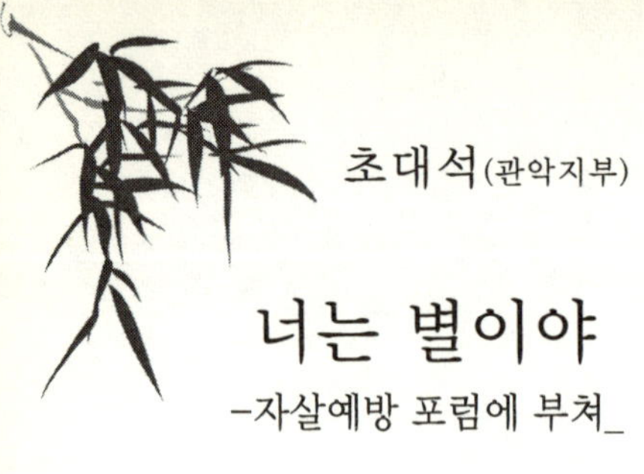

초대석(관악지부)

너는 별이야

-자살예방 포럼에 부쳐_

너는 별이야
누구의 별이냐고 묻지 마라
너는 우리의 별 나의 별이야...
다만 지나가는 먹구름이 너를 잠시 둘렀을 뿐이야

바람 부는 날이 오면
먹구름을 모두 벗고 넌 의젓한 별로 다시 태어날 거야
너 지금 어느 하늘 어디서
무얼 하고 있는지 말해 줄 수 있겠니

우리가 그 먹구름을 미는 바람이 되어 줄게
너의 그 답답한 구름을 밀어줄게
너는 우리의 소중한 별.
잠시 너를 잊고 몰랐을 뿐이야
너를 미워하지 않을 거야
다시는 누워서 침 뱉지 않을 거야

따듯한 너의 친구가 되어줄게
이 땅에 별로 태어난 너
우리 모두는 너의 희비와 연대하고 있어
너는 매듭진 손가락 사이로
빠질 별이 아닌 거야

오늘이 괴롭고 서럽더라도 꾹 참고 기다려
우리와 곁 해 있으면 머지않아 동트는 아침이 오리니
바라보는 세월은 아득하지만
흘러간 세월은 빛보다 더 빠른 거

너 어느 하늘 어디서 무얼 하고 있는지
말 해다오 별아... 별아...
그냥 그리 이울 수는 없는 거야

나의 별 우리의 별아...
우리의 별 나의 별아...

조성국

시조생활로 등단, 한국문인협회 회원
한국시조시인협회 회원, 관악문인협회 회장
오늘의 좋은 작품집 상(시조문학)
단테문학상 (문예춘추), 서울시 문학상 (한국문인협회)
저서: 「쓰러진풀 읽어보기1 .2」「봄을 위한 감국의 노래」
「그냥 갈 수 없어서 편술」

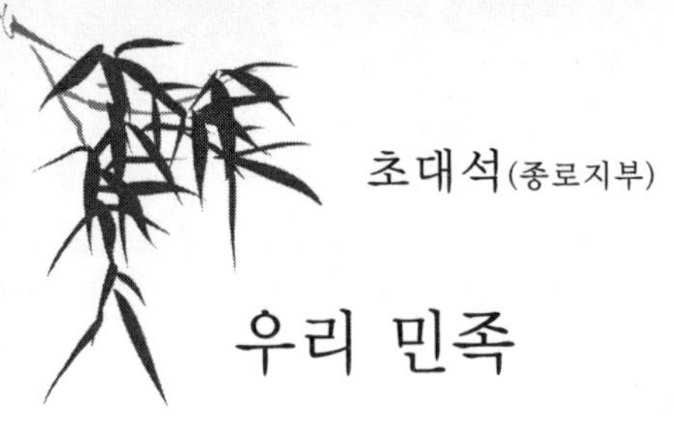

초대석(종로지부)

우리 민족

홍성훈

우리 민족은 웃음과 눈물이 많은 민족
우리 민족은 한(恨)과 신명이 많은 민족
우리 민족은 노래와 춤과 문화를 향유(享有)하는 민족

우리 민족은 꿈과 희망을 가슴에 품은 민족
우리 민족은 따뜻한 정과 멋이 넘치는 민족
우리 민족은 정의롭고 희생정신이 강한 민족

우리 민족은 우수한 두뇌로 배움을 즐기는 민족
우리 민족은 세계를 주름잡는 손재주가 많은 민족
우리 민족은 남을 배려하고 베풀고 나누는 민족
우리 민족은 미움보다 사랑이 더 많은 천손민족이다.

홍성훈

경기도 이천 출생
고려대학교 언론대학원, 국민대학교 정치대학원
한국문인협회 종로지부(서울종로문인협회) 회장
한국문인협회 홍보위원장, 한국문협 문학낭송가회 회장
한국문협 서울특별시 지회 이사(부회장 역임)
국제펜 한국본부 기획위원

봄 창문을 열면

素沙 심의표

봄 햇살 같은 그리움으로
맑게 틔운 꽃망울

저마다 앞 다투어 왁자지껄
까르르 깔깔 입방아 찧는다

뒤집었다 엎었다
접시 깨지는 소리 요란해도

설레는 꿈
벙긋거리는 것이 눈부시구나.

제스민 꽃향기보다 더 짙게
블라우스 옷깃마다에 스며

두란, 두란, 두란꽃
하얀 가슴 부풀어 핀다.

* 두란(杜蘭) ; 목련木蓮의 또 다른 이름

심의표

한국창작문학낭송협회 회장/ 한국문인협회문학사편찬위원장
한국창작문학아카데미 회장/한국문인협회금천지부 3대 4대회장
시집〈섬은 바다에 누워〉 외 8권/ 공저〈별들은 밤하늘에〉 외 26권
제13회 매월당문학상 대상/ 제2회 세종문화예술상 문학대상 외 4회
78년 장관표창/ 97년 대통령표창/ 99년 국민훈장 석류장

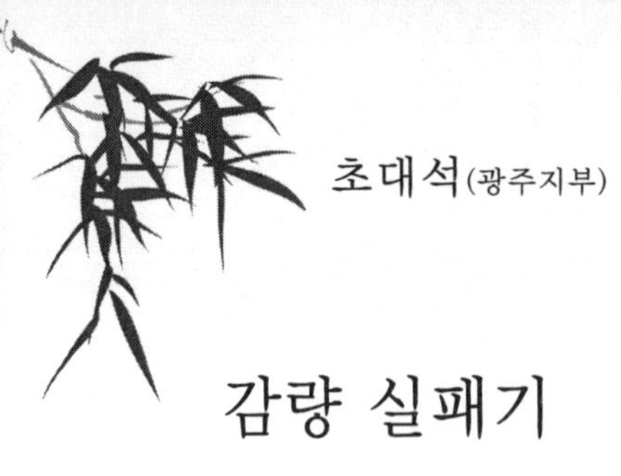

초대석(광주지부)

감량 실패기

노창수

아무래도 쓸 데 많은 욕심
빈 터 버려진 가구를 챙겨 오다
이웃 노인에게 들킨다
–쯧쯧 어디다 쓰려누
순간, 비참해진다

헌 그릇을 내다 버리다가
관리인에게 들킨다
–여보슈, 신고할 테요
물컹, 어쩌자고!

버린 것을 줍다 들킬 때와
남 몰래 버리다 들킬 때
비굴 몇 점이 운다
썩은 굴비 맛이다

가벼워져야 할 시대에
무거운 언저리를 사는
머저리가 이토록 밉다

-투우 툭!
저울 눈금이라도 주저 앉힐까
힘있게 채를 잡아 배를 두드린다
허나 가벼운 장고는커녕
그마저 고장이다.

노창수

문학박사,〈현대시학〉추천,〈광주일보〉신춘문예,〈시조문학〉천료
〈한글문학〉평론 당선, 한글문학상, 한국시비평문학상, 광주문학상 수상
무등시조문학상, 현대시문학상 수상
광주시교육청 교육국장 역임, 현재 광주문인협회 회장
한국시조시인협회 부이사장, 강남대, 조선대, 광주교대, 남부대 강사
시집 : 〈거울 기억제〉외 다수,
저서 : 『한국 현대시의 화자 연구』『반란과 규칙의 시 읽기』(2007우수평론서),『사물을 보는 시조의 눈』(2011 문광부우수학술도서)

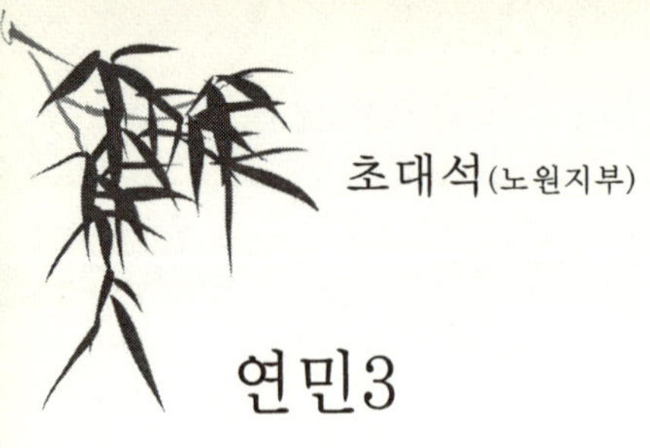

초대석(노원지부)

연민3

지애주

자근자근 어둠이
내리는 강변을 돌아
물그림자 남겨 두던 밤

곰삭은 사랑
훔쳐보는 달빛 아래
오래도록 바람을 밟고 있었네

붉게 꽃피운 마음에
갈급渴急한 영혼 갈 곳 없어
오래도록 바람만 밟고 있었네.

지애주

시인, 수필가
노원문인협회 회장.
노원구 바른선거시민모임 회장
북부 검찰청 범죄피해자센터 위원

초대석(마포지부)

민들레

고광자

잘 살라며
그들은 헤어졌다
그렇게 잘 하리라 믿으며
그들은 잊혀졌다.

아무 간섭 없이
외진 길가에 핀
노란 민들레.

고광자

現: 한국문인협회 마포지부 회장
대한민국공무원문인협회회장역임
국제펜클럽, 현대시인협회 발족위원, 한국여성문학인회이사.
시집 : 『바다의 시인이 되어』외10권
동시집 : 『달님과 은행나무』『밤하늘에 걸린 바나나』외. 평론多
수상 : 영랑문학상, 서포문학상, 공무원문학상, 한국아동문학창작상 외

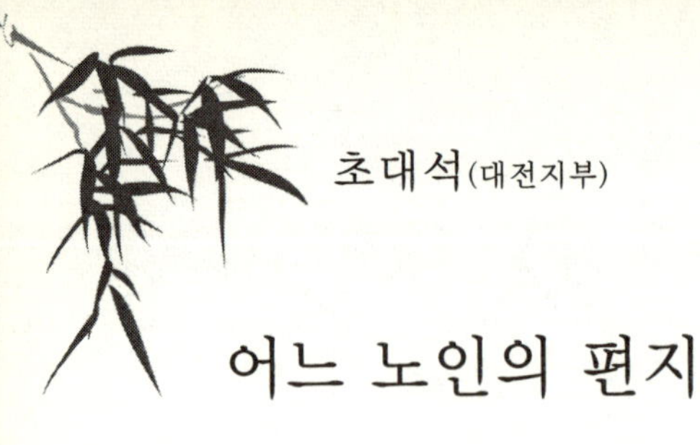

초대석(대전지부)

어느 노인의 편지

文熙鳳

가끔씩 만나는 허리 굽은 노인
사람이 그립다 했다. 뿌리 없는 고독과 산다 했다
물 한 컵 앞에 놓고
지나간 세월을 함께 더듬었었다

한 동안 뜸했는가
짧은 편지 한 장 고이 접힌 채 밭 울타리에 걸려있다
"씨앗 좀 드리려고 조금 매달아 놓았으니 심어보세요."
저 부드러우면서도 가녀린 사랑이
내 가슴을 열고 들어왔다
땅에 닿을 듯한 허리 곧추 세우고
치마 대신 통바지 입은 아흔 된 노인이 건넨 온기 있는 입김

흙냄새 물씬 풍기는 글자들을
봉안하여 끌어안고 나는 산을 내려왔다
금방이라도 쓰러질 듯한
허름한 벽에 바짝 붙어 자라고 있는 봉숭아처럼
붉은 모가지를 달고 있는 이것은 무엇인가

풍상에 낡아버릴 대로 낡아진 노인의 편지를 받은 뒤로
난 편백나무 숲에서 정기를 받고
내려온 아이처럼 눈이 빛났다
그리고 오늘 빨랫줄에 걸려
나풀나풀 춤 추는 노인을 받아 안았다

문희봉

충남 당진 출생. '한맥문학(1990)' 시 추천, '월간 에세이'(1989)
수필 추천. 한국문인협회 회원, 대전광역시문인협회 회장
시집에 '지천명의 노래' 외 2권, 수필집 '작은 기쁨, 큰 행복' 외 4권
素雲문학상, 大田문학상, 眞露문학상 등 수상

초대석(동작지부)

바다와 갈매기 그리고 나

장승기

태풍 '볼라벤'이 휩쓸고 간 동해바다는 거짓말처럼 잠잠했다. 하지만 누구에겐가 호되게 혼난 것처럼 왠지 시무룩해 보였다. 나는 항구밖 방파제를 걸으며 초가을 선득한 바닷바람에 내 상기된 얼굴을 식혔다. 그리고 바다가 바라다 보이는 깔끔하고 창 큰 횟집에서 옛 직장 선배와 마주 앉았다.

요새 오징어가 안 잡혀 경기가 없다 아이가
니 등대엔 와 갔노. 누굴 기다리게?
고향에 휴가 왔다가 독한 짠물 감기 달고 귀대할끼가?
못난 게, 바라바라 쭉 마시라!
니 울었제? 그래 한번 울어보그라 울찌도 모르는 기
시 같은 거 쓸 수 있나 참 니들 맨날 방파제 오가며 데이트 했제?
니가 입대하지 않았어도 상황은 달라질 게 없었을끼라
어느 사내든 가를 짜매주진 않으면 안 되는 그 노부모님 사정이
엔가이 딱한 게 아니드라카이 니도 알제?
니 군대 가고 미스 최는 반은 얼이 빠진기라
매표 끝나고 돈 정산하는데 계산은 칼같던 아가 자꼬 틀리질 않나
이제 시집가서 아 하나 생기면 안정될끼고만 걱정 마라

내는 사장이 자기 사위 내보내고 나더러 극장 전무하라케 그냥 눈 딱 감고 들어 앉았다 근데 극장 간판은 꼭 너라야 된다카며 니 제대 날자 적어 뒀다가 나더러 책임지고 널 잡아둬야 칸다는 기라 알겠제?
니 밥 한끼 잘 사 메기라꼬 이거 봉투 하나 받았데이
자, 우리 한 잔 들자! 그나저나 빨리 오징어가 나야 할낀데.

내가 축항 끝 등대 옆에서 혼자 쭈그리고 앉아 있을 때 어쩜 내가 바다에 뛰어들기를 기다리는 듯 집요하게 나를 감싸고 맴돌던 그 괭이 갈매기의 적의에 찬 날선 눈초리가 문득 내 폐부를 찌르는 것 같았다.

장승기

강원 평창 출생, 성균관대학교 졸업
시사사로 등단 (2005)
한국문협 동작지부장 (현), 강원일보 기자
월간 '기업경영' 편집장, '에너지관리'
시집 : 「아내의 잠」(현대시)

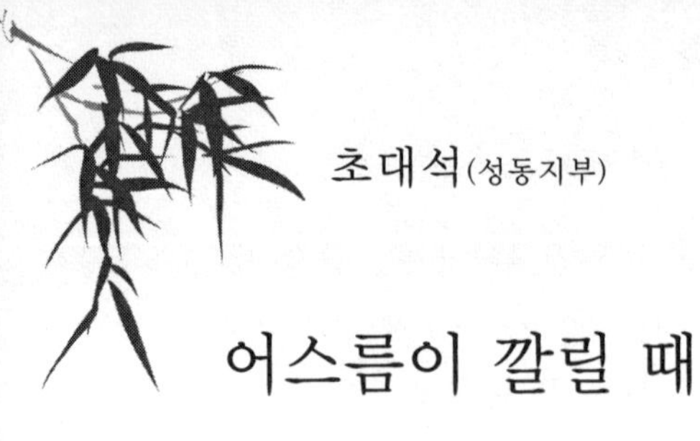

초대석(성동지부)

어스름이 깔릴 때

이진숙

외딴 집
굴뚝 끝에
저녁연기 오른다

어쩌자고
벚꽃까지
흩어지며 날리는가

나는 왜
눈물이 나나
저만치에 강이 간다.

이진숙

충주사범학교, 방송통신대학 졸업, 중앙대학교 예술대학원 수료
국민훈장「목련장」포상(대통령), 〈시조생활〉시조 〈예술세계〉수필 등단
시천 시조문학상, 동서커피문학상, 허난설헌문학상
한국 문인협회 이사 및 복지위원, 한국 시조시인협회 이사
국제 PEN, 현대시인협회, 예총 예시작가회 회원
한국문인협회 성동지부 (사)성동문인협회 회장
시집 : 『하루가 너무 길다』『창 너머엔 노을이, 가슴 속엔 사랑이』

초대석(양천지부)

시낭송

–전국시낭송가협회 창립 2주년 기념 헌정시

김응만

詩가 꽃이라면 朗誦은 빛깔 고운 열매입니다.
시가 비 그친 날 푸른 언덕이라면, 낭송은 그 위에 무지개입니다.
시가 숲이라면 낭송은 숲에 살며 하늘 나는 새가 됩니다.
시가 우주라면 낭송은 밤하늘을 맑게 수놓는 은하수입니다.
시가 궁전이라면 낭송은 요정들의 공주입니다.
독백은 꿈을 꾸지만, 낭송은 영혼을 울려 소망을 이루고
보이지 않아도 유성이 비켜가는 밤하늘에 밝은 별이 되어
승무의 날개처럼, 멀리 더 멀리 날아가
그 영광이 찬란하여, 시와 함께 동행은
순수를 지향하는 시 낭송은, 낭송은–
성근 열매 돋도록 불타는 가을 태양입니다.

김응만

93년 5월 격월간 문학세계 시로 등단
2005년 5월 "물은 수직으로 흐르려 하지만" 중편소설 순수문학 등단
(사)한국문인협회 양천지회 회장
'시마을' 동인회장 역임, 현)' 문학지대' 동인회장
시집 : 「죠세핀이 만날 꿈으로 가는 사람」 「부부」 공저 다수
소설 : 「오솔길 끝」 창작집 (2010. 5. 15일 발간)
양천문학, 환경 문학상, 순수문학상, 옥조근조 근정 훈장 수상외 24회
대한민국 경찰 무궁화클럽 창립 부회장에 이어 2대 회장 역임
시와 소설을 쓰고 있음

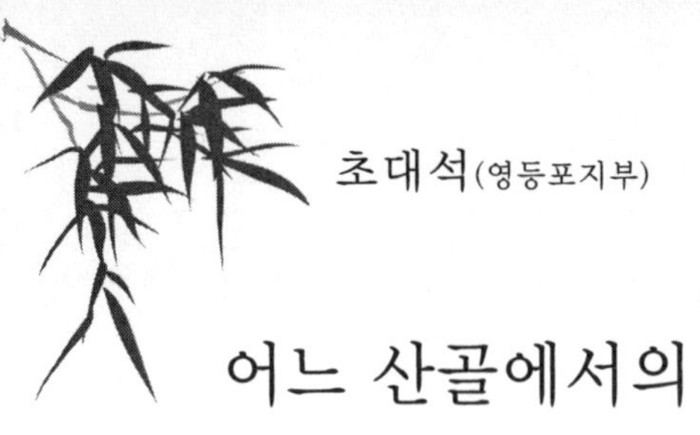

초대석(영등포지부)

어느 산골에서의 행복

최영희

행복이 어디 있는지 아니껴?
"모르겠는데요"
아침에 눈을 뜨고 거울을 보고
환하게 웃어 보이소
거기에 행복이 있습니더

산에 들에 나물을 뜯고
가슴이 답답할 때
흥얼흥얼 콧노래를 부르고
졸졸 흐르는 도랑물에
발을 담가 보이소
바로 그곳에
행복이 있습니더

행복은 멀리 있는 게 아입니더
하루가 즐거우면
그게 바로 행복아입니껴?

최영희

충북 단양 출생, 방송통신대 국문학과 졸업
시마을 2004년 시부문 수상 등단
「국제PEN한국본부회원」「한국문인협회회원」「한국시인협회회원」
「시마을문학회회원」「(사)한국문인협회 영등포지부, 지부장」
시집 : 「…그리고 사랑」「또 하나의 섬이 된다」「시간의 층계 위에서」
공저 : 「바람이 있는 풍경」 외 다수, 수상 : 제13회 영랑문학상

초대석(울산지부)

길

추창호

길은 편도 일차선 한 발 앞서 가고 있다
가속 페달 밟아도 추월을 할 수 없는
숨 돌릴 간이역 한 곳 보이지 않는다

어둠이 길의 아랫도리 홍건히 적시는 동안
길섶마다 떨군 사연 간간이 주워 들면
민낯의 희미한 얼룩 버짐처럼 번져난다

단 한 번 살아 터뜨릴 이승의 꽃을 위하여
전조등 밝힌 두 눈 팽팽히 당겨간다
예습도 복습도 없는 일방통행 이 길을

추창호

부산일보 신춘문예 당선
울산문인협회 회장
시조집 : 「낯선 세상 속으로」, 「아름다운 공구를 위하여」

신 작 시

신작시

독도는 우리의 끝섬

김계덕

동해물 끝 간 데
하늘 바다 하얗게 삭힌 포말은
신들린 칼춤 추고
생머리 독도는
혼자 밤새 그렇듯 진통하더니
등대불 훌쩍 불어 끄고는
새벽녘 몸 풀어
햇덩이 하나 쑥 머리 위로
한 줄기 금빛 불기둥 뻗는다

동도와 서도는
들끓는 바닷물 가운데
우뚝한 남근 하나 서로 껴안으며
해산의 기쁨으로
괭이갈매기 떼 감시의 섬 감아 날고
추상 구상의 기괴암들
눈 부릅떠 무릎 꿇을 줄 모르니

역사의 꼿꼿한 등줄기
왜곡의 혀놀림 뽑아
밤마다 분노의 바다 삼키며

새벽이면 절망을 그물처럼 풀어
핏덩이 하나 낚아 올리는
울릉도 동남쪽 우리의 끝섬 독도
그래서 혼자 슬프지 않다

김계덕

서울 출생, 《시문학》등단
한국문인협회 이사, 한국현대시인협회 이사 · 부회장
국제펜클럽한국본부 이사 역임, 서대문문인협회 고문
국제펜클럽한국본부 자문위원
시문학상, 윤동주문학상 본상 수상
시집 : 『김계덕시전집』『김계덕시세계』

신작시

도 마

김병걸

상처가 나야 얼굴이다
비명을 버리면 금방 새살이 돋는다
물고기의 내장을 꺼낼 때도 육질이 단단한 바다를 썰 때도
도끼눈을 세워야 한다
칼이 살아야 나도 산다
종종 피를 먹고 산다
세상에 못 버린 울음을 먹고 산다
내가 튼튼해야 하는 이유를 사람들이 먹고 산다

옹 이

옹이 몇 개쯤은 짚고가야 열매에 손이 닿는다고
계절을 건너온 잎사귀들이 말을 건다

나무는 마을이다
나무는 세상이고 사람보다 더 영물이다
별이 돋는 나무와 달이 홰를 치는 나무를 지나면
사람들의 수작과 흥정이 가지끝에 매달린다
우리는 안다
돌아가지 못하는 발길과 말소리와 열매의 달콤함
그것들이 맺혀 옹이가 됨을

신작시

이랑

빗물과 두엄을 묻은 고랑을 거느린 두둑엔
일년생 작물이 자란다
생명이 발을 내리게
몸을 일으킨 흙의 대오(隊伍)
흙과 농부의 약속이 이랑이다
정해진 시간만큼만 재되되는

겨울이랑엔
바람의 비명이 그루터기를 가진 사람들의 가슴을 팬다
농사가 끝난 밭둑에 서서
고랑을 갖지 못한 두둑이거나
두둑을 세우지 않은 고랑을 닮은 나를 만난다
이랑이 되지 못한 나를

종로 5가

서울에서 봄을 만날려면 멀리 갈 것도 없다
종로5가 보도블럭 나무시장에 옹기종기 키를 맞대고 있는 어린 묘목들
그것들이 절기보다 먼저 깨어나 수런거리는 말소리 들어라

차들의 매연에도 아랑곳 않고 눈 뜨는 꽃나무밑에
갓부화한 병아리들이 햇살을 부르는 저 기막힌 소리
나는 사지도 않을 나무들을 반나절이나 구경하며 봄을 만진다

새끼줄에 칭칭 묶인 봄이 호송열차에 일렬 종대로 실려
자대로 배치되는 신입 기간병 같다는 생각을 했다
이삿짐 실은 용달차 방금 지나 갔다
마음 들킨 나무 하나 발을 구른다

신작시

칫솔

식구들이 집을 비우면
칫솔들이 이마를 맞대고 아침과 저녁을 양치질 한다
사람들은 각각인데 칫솔만 가지런히
때묻은 시간을 닦고
그럴 수밖에 없는 이유를 닦고
집안 걱정을 표백한다
우리의 역할은 어디까지일까
하루가 치약물듯 불투명하지만
거품 이는 핑계를 묻혀 온 거짓말과
소화가 덜된 욕심 나부랭이의 찌꺼기를 대관절
어디까지 닦아낼 수 있는 걸까
칫솔질 안한 잇몸 구석구석에서
악다구니 쓰는 육성과
더러운 꼴 못삭혀 곪는 소리 들린다

김병걸

대구예술대 방송연예과 졸업
월간 문학세계로 등단, 서대문문인협회 부회장
모닥불문학회 회장, 한국문협 회원, 국제펜협회 회원
공간문학동인, 한국불교문학회원
시집 : 「낙동강」「멍석」「달빛밟기」
가요 「벤치」「분교」 등 1,500여편 작사,작곡 발표

신작시

계영배*戒盈杯

김성자

열정熱情, 그 이름으로
채찍질하고
야망野望,
질그릇에 가득 채운
넘칠까
가슴 타던
젊은 날의 욕망欲望

그대
차가운 눈
흐릿한 내 동공에
입맞춤 할 때
채색된 일상
삼 할의 비움에
옷깃 여민다.

계영배* : 가득 참을 경계하는 잔
(7할 이상을 채우면 밑에 뚫린 구멍으로 새어나가도록 만들어졌음)

신작시

가을비

가을이 옷 벗는 소리
행여
내 님일까

고운 우산 받쳐 들고
맨발로 나섰거니

스산한 거리에는
나뭇잎만 나부끼네

속삭이는 빗속에
추억은 흔들리고

호접 한 마리 날지 않는 정원에
차가운 달빛만이
소리 없이 흘러드네.

김성자

함경남도 원산 출생, 충청북도 괴산 생장
문예사랑, 문예사조 등단, 서대문문인협회 이사
한국문인협회 회원, 밀레니엄 문학회 회원
한국문예사조 문인회원, 해동문인협회 회원
저서: 멈춤이 없는 현 , 공저(길 위에 길이 되어) 外 다수

신작시

사랑법. 17
– 요석공주

김송배

나무관세음보살. 어둑한 암자에서 남편 돌아오기를 기다렸다. 가슴으로 외는 염불 속에서 애기 설총이 보채고 환한 달빛이 창가에 어른댄다. --진리는 결코 밖에서 찾을 것이 아니라 자기 자신에게서 찾아라 나무아미타불-- 해골에 괸 물 한 모금 들이키고 타불타불 성속(聖俗)을 유유하던 원효대사여, 일체무애인 일도출생사(一切無碍人 一道出生死). 무애가를 불러 아내를 위로할까. 첩첩산중 참선하는 스님 뒤에 비 젖은 한 여인이 관세음보살로 서 있다. 성불한 남편과 애기 설총을 위해 그냥 눈물로 서 있다. 나무석가모니불 나무석가모니불 나무시아본사석가모니불. 소요산 자재암에서 낭낭한 저 독경 소리.

김송배

『심상』신인상 등단.
현) 한국문인협회 부이사장. 한국예총 및 국제PEN클럽 한국본부 이사
현) 한국시인협회 심의위원. 목월문학포럼 중앙위원
현) 청송시창작아카데미 회장, 서대문문인협회 자문위원장
윤동주문학상, 탐미문학상. 평화문학상 수상
영랑문학대상. 조연현문학상 수상
시집 : 『여백시편』 등 9권, 평론집 『성찰의 언어』등 5권
시창작법 : 『김송배 시창작 교실』 등 2권
산문집 : 『지성이냐 감천이냐』 등 4권

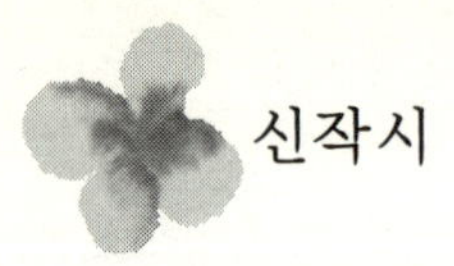

신작시

부모님 전상서

강이례

나의 천사여, 사랑하는 이여
나는 당신의 눈에서 흘러내리는
진주 같은 눈물
오랜 세월이 내려 앉아
두 아이의 엄마가 된 지금
이쯤, 당신이 보고싶어 눈이 시려옵니다
당신을 잃은 후 나의 눈에 비친 조그맣고 예쁘지도 않은
더, 더구나 여자도 아닌 어머니였을 뿐인데
당신도 이렇듯 화사한 봄날이 있었던가
오대양 육대주가 제 아무리 넓다한들
어머니의 품에 비하리오
때 되면 무릎에 앉히고 밥을 먹여주시던
당신이여!
당신의 벙벙한 배 위에서 숙제도 하고
일기도 쓰고 잠에서 깨어나기도 했다.
때론 엿가락 장단을 자장가로 알았다
무엇보다 감싸오는 당신의 느낌이
당신이 가신 후 유품 속에서 나온 막내딸과 찍은 사진

한학 하시던 때의 책자였는데
나의 사랑 당신의 딸이 가는 곳마다
이렇게 에워싸고 지켜주시는 당신들
당신들이여 이제 펴니 쉬소서!

강이례

한국문인협회 회원, 월간 한맥문학 회원
현대 시인협회 회원, 월간 문예사조 이사, 서대문문인협회 이사
경기대 시창작과 수료, 한국문인산우회 부회장
북한산 초교 문학지도교실 담당
한강(시)문학 동인회 사무국장, 한국문인협회 대외 협력위원

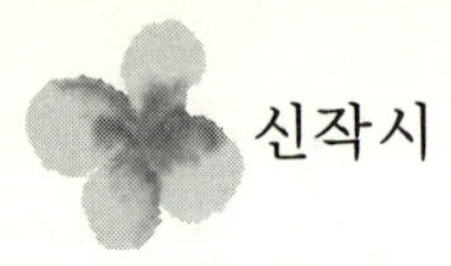

신작시

홍도 그 섬에 가다

김재기

오묘 절묘한 홍도 10경
천혜의 비경 위로
절색 여인의 파마 머릿결이랴
겹겹이 우거진 소나무 군락
과히 모진 해풍 굳세게 견뎌
청정해역 이루워 냈나니
해 질 녘 붉게 물든 바윗돌처럼
경이로움의 불덩어리가
전신을 물들이며 탄성을 자아낸다
매끄러운 몽돌 부딪치는
다도해 파도 소리 들으며
상록수 울창한 깃대봉 오르는 길
나그네 발길도 모른 채
비익조 사랑에 푹 빠진
동백나무와 후박나무
천년만년 행복에 꽃 피우리라
섬마을 아낙들의 훈훈한 인심 탓에
홍도항 뱃고동 소리도 마냥
정겹게만 들려진다

흑 산 도

비탈길 상라봉
구불구불 열두 고개
가슴 철렁 내려앉아
임 생각도 잊겠더라

다시마 향 그윽한
문암산 약수터 상큼한 물맛에
제정신 차리고서
흑산도 아가씨 구성진 옛노래 떠올리며
주막집 멸치 안주에 동동주 기울이니
세월의 덧없음도 잊혀진다

장도습지 바라보며
솔개 조롱이 울음 귀 기울이다
하늘도로 건너갈세
구름도 반겨주고
바람도 반겨주더이다

반월성 옛 성터에는
해상왕 장보고의 눈 때가 묻어 있고

기봉강산 충무일월
애국정신 깃들은
최익현 선생의 유허비는
두고두고 새겨 둘 뼈아픈 충언이다

신작시

소망의 빛

메말라 떨어진 솔잎 자리
시공을 초월한 또 하나의 생명체들이
날숨을 쉬며 짙푸른 날을 세우고 있다

자자손손 대를 이어 가는 인류의 흐름도
그러할진데

낙화유수 꽃잎인들 어찌하랴

제왕도 비껴갈 수 없는 운명
주어진 그 수명 다하면
본향인 천국으로 떠나야 하나니

그곳엔 선택의 자유가 없는
천당과 지옥이 있을 뿐이다

선과 악이 공생 공존하며
빈부귀천이 군림하는 세상
군자도 죄를 범할 수 있음이니
그 어찌 거룩한 신의 전당에
의롭다 고개를 내미리오

불가의 가르침도 새겨들을 일이다
인과응보는 업보를 낳음이라 했다
죄에서 자유롭고 싶거든
나를 온전히 부인하고 십자가를 져라

그리하면 영원한 천국에서
영생복락 누릴 수 있으리다

김재기

한맥문학동인회 이사
서대문문인협회 감사

신작시

감자

김지원

봄이 이슥하도록
고집스럽게 주장하고있는
저 어둑컴컴한 헛간 한 구석
죽어도,
사랑없이는
한 톨도 내어줄 수 없다며
웅크리고 앉아
시퍼렇게 눈 뜨는
감자의 어린 싹!

딸에게

사랑스러운
디.엔.에이
내 초록빛 꿈의 홀씨를
날려 보낸다
봄 기운이 가득한 들판위로.

김지원

현대시학으로 등단
한국크리스천문학가협 회장 역임, 서대문문인협회 이사
창조문예 문학상,한국크리스천 문학상
기독교문화예술대상, 목양문학상 등 수상
현) 서울중앙교회목사
시집 : 「다시 시작하는 나라」「열하루동안의 부재」
「시내산에서 갈보리산까지」 등 7권

신작시

갈 증

김채영

펜을 들고 생각의 심연(深淵)을 휘 젓는다.
건져 올리다 빠트린 단어들의 유영(游泳)

풀었다 조였다.
나의 의식은 언제나 외로운 싸움
곤혹스러운 일상 탈출을 위해
질식할 만큼 꿈꾸기 놀이를 한다.
밝고, 맑게 살고픈 사람.
그러나 언제나 짐이 되는 사람.
그래도 항상 행복해지고 싶은 사람.
그래서 희망을 잃지 않은 사람.

詩는

고독을 친구삼아

외로움을 토해내고

그리움을 달래주는

향기로운 약이다.

눈물 샘

지친 삶이 서러워
가슴에 차오른 울음이
샘물로 흐른다.

하늘을 가지고 싶어
온 가슴으로 흔들어도
보이는 넓이만큼만 안을 수 있었다.

수심의 깊이를 가늠하지도 못하고
퍼내고 퍼내도
끝이 없이 흐르는 눈물

신작시

바람 탄 풍경소리

상실 후
팍팍한 발걸음 어렵게 떼어내며
바람 쫓아 찾아간 산사

산으로 간 물고기
풍경되어 바람맞이하며
청량한 음색으로
마중 나온 평화의 노래

돌담장 돌아 능수화 흐드러지게 피어
잃은 가슴에 꽃으로 들어온다.

하루 쉬어가기

잠시,
기다리기로 해요
급하게 가지 않기 위해
숨을 고를 시간을 갖기로 해요.
저녁 놀.
지는 해의 이야기에
귀 기울이는 여유로움
그렇게 넉넉하게 하루를 쉬어 가기로 해요.

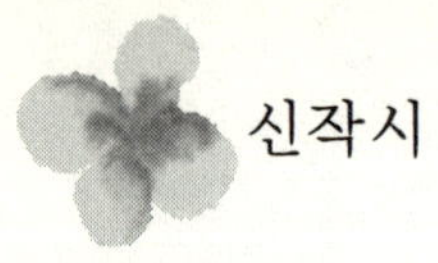

신작시

회 상

갈색 나무기둥에
초록 잎 풍성한 가지사이로
붉은 열매 주렁주렁 그려 넣었던
어린 시절 그림

이제는
검은 나무기둥에
물기 없이 앙상한 가지 사이로
50년 세월 담고 흐르던
구름하나 걸어둔 詩속에
처연한 외로움 비가 되어 내린다.

김채영

1997년 한국 문학예술 신인상
문인협회 회원
서대문 문인협회 이사
서대문 문인협회 사무국장(現)

情속의 情

서성택

그대와 나 사이
서로가 사이길로 걷기로
남몰래 정에 정을 담고
무덤속 까지 지킴을 약속
아름다운 꽃을 피운다

그대의 마음속
서로가 주고 받는 그림자
끈끈한 정을 담고 사이길로
지조를 누가 꺽으리
꼼짝마
이래적 강한 무드의 꽃을

신작시

낙엽

도시의 가로수
단풍잎 한잎 두잎
보도블럭을 덮고 있네
길손들의 발꿈치에 짓밟혀
진물을 흘리며 보스락 보스락
미끄러움에 총총걸음
넘어질까 바둥바둥 하네

미화원 아저씨
낙엽을 쓸어주니
인도가 깨끗 즐거워요
쓰레기 수거 종소리에 몰려든
주부님 들통을 재빨리 받아서
웃으면서 비워주니
그 얼마나 고마워요 아저씨
웃으며 삽시다
미화원 아저씨 고마워요
항상 건강하세요.

고향의 향기속에

고향의 언덕위에 흙냄새 향기마시며
오솔길 언저리에 들국화 방긋 웃는다
내고향 벗님이여 한잔술 향심을 담고

옛날의 두메산골 오늘은 휴양숲속
산새들 지저귀며 산울림 울려준다
자욱한 운무속에 청춘은 휴식처로

신작시

인생길 굽이굽이 돌면서

늙음의 행복은 건강이란다
친구야 한잔술 웃음을담고
농담반 진담반 춤추고싶네
험난한 세월을 잡지못하고
아까운 청춘만 보냈나보다

청춘을 돌려줘 마음의청춘
내청춘 돌려서 이웃과함께
아랫목 빈자리 언제메우나
나홀로 이밤을 몸부림치며
낭만의 시간을 메꿔줄여인

어디에 있느냐 내곁에와주
노년의 사랑을 찾고파하는
거칠은 인생길 마지막행복
즐겁게 춤추며 행복을담고
세월을 잡으랴 늙지않으리

詩가 나를 부르네

모든 事物이 詩요
詩文이 있는 山河는
아름다운 꽃이로다

오늘 時를 부르니
明月이 나를 안아주네
詩속에 꽃을 담으리라

서성택

좋은문학 시 부문 신인상 수상, 월간 국보문학 수필 부문 신인상 수상
재경 대구 · 경북도민회 자문위원(현), 국걸문학 작가회장
(사)한국문인협회 이사, (사)서대문문인협회 회장
한민족(연합) 남북공동대표, 국제 펜클럽 회원
한국문화예술신문 문화대상 수상(2011)
월간 국보문학작가협회 회장, 전국자연걸토중앙회 자문위원

신작시

하얀 그리움, 까만 그리움

신예문

까만 밤을
하얗게 지새우며
억지로 그리움을 붙잡고
밤길을 걸었습니다

운 좋게도
그리움이 하얗게 웃으며
나뭇가지 사이로
사분사분 바싹 다가와
백합꽃 그 고운 향기를
하얗게 뿌렸습니다.
꿈결처럼
한모금 마시고,
가슴은 하얗게 물들어 버렸습니다

한 발 두 발
그가 떠나려할 때
성큼
까만 그리움이 길을 막아
하얀 그리움은

까만 발자국 따라
까만 길이 되었습니다

가슴까지 스며든
까만 그리움의 끝을 붙들고
벌떡 일어나
창문을 열어 제쳤을 때
장대비가 주룩주룩 내리고 있었습니다.
길섶 숲은 모두 고개를 숙이고

신작시

그대, 누구시길래

그대를 향해
사랑이란 낱말을 힘주어 써놓았습니다
그런데, 그런데
자꾸만 그리움이라고 읽혀집니다

그대를 생각하며
그리움이란 낱말을 분명하게 써놓았습니다
이번엔
사랑이라고만 계속 읽혀집니다

그대를 향해, 그대를 생각하며
사랑과 그리움을 함께 써놓았습니다
그런데 이번엔
그렇게 정성들여 써놓은 글자들이 몽땅
이슬에 촉촉이 젖어 있었습니다

사랑이여,
그리움이여,
그대,
그대는 누구시길래

하얀 감탄사

용광로처럼
전광석처럼
그렇게 터지고야마는 탄성
엄마!

하늘과 땅과 가슴에서
햇살처럼 터지는
그건 영혼의 음악
엄마!

죽도록 그렇게
하얗기 만한 감탄.
그건 언어가 아닌 하얀,
정말로 하얀 감탄사
엄마!

엄마!
엄마야!

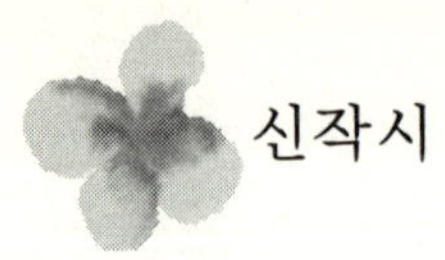

신작시

3박 4일

(5월 12일)

그해 5월 12일
우린 이런저런 일로
신혼여행을 떠날 수 없었지요

다음 해로 약속을 했지만
그땐 우리에게 2세가
이 세상에 태어났지요

다음, 다음 해도
사는 게 뭐가 그리 복잡했는지
여행 따윈 꿈도 꾸지 못했지요

오는 5월 12일
많이 늦기는 했지만
우리 큰맘 먹고 떠나면 어떨까요

좀 어렵지만 아무래도
당신이 내려와 그때 가려했던
그 곳으로 꼭 가고 싶은데요

여행 일정이 길면 좋겠지만
당신 사정이 어떨지, 그냥
3박4일로 예약을 하면 어떨지요

신작시

세월은 말을 하지 않아도

달은 달대로
해는 해대로
끊임없이 따르라 해도
나는
되돌아가지도, 쉬지도
누굴 따르지도 않는
그냥
나대로 나대로 간다

사람들이
온 세상 만물들이
그렇게 지겹도록
온갖 푸념, 욕을 퍼부어도
내가 말하지 않는 까닭은
그건
어차피 나의 몫이 아니기 때문이다.

내가
정말 하고 싶은 말
딱 한마디 그것,

그것은
아름답고 흐뭇한
최고의 그날은
아직,
아직은 돌아오지 않는
"그날" 이라고 말하고 싶다

신예문

경기 파주 출신, 경기상업고등학교 졸업, 상균관대학교 법대 졸업
명지대학교 사회교육원 문예창작 전문과정 졸업
한국 상업은행 퇴임, 문예창작 지도자 자격증 취득
창조문학 시 부문 신인상 수상, 창조문학 대상 수상
한국문인협회 회원, 서대문문인협회 부회장
비존재 동인회 회장
시집 : 「가슴 속 백합꽃은 지지 않는다」「백합꽃 향기 그 이름으로」
공저 : 「바다 그리고 시인」「그리움의 원근법」 외 다수

신작시

뜨거운 밤

申潤浩

지나간 밤에 진정 행복했었소
밖에는 찬바람이 칼부림하는 밤이며
칠흑 같은 어두운 밤인데

진정 뜨거운 열기로 가득한 밤이었소
사랑하는 임의 품에 안 기우니
고도의 열기 뜨거운 용광로였습니다

진하고 진한 사랑을 느낄 때
온몸 흠뻑 젖은 땀 세례였습니다.
그 정겨운 사랑에 행복을 느꼈습니다

내 사랑하는 임이여
지나간 밤에 유난히 별이 반짝 이었어요
그 별은 우리 사랑을 지켜보는 별빛이며
당신 곁에서 밤을 놓고 싶지 않았소.

목 련

목련꽃 필 때면
임 생각
이른 봄이었지
그 시절 단둘이

나누던 속삭임
정겹고 불타던 사랑
소리 없이
솟아오르는구나

피고 지는 너이지만
내 마음 슬퍼진다
그 정겹던 지난 추억에
서글퍼지는 초라한 모습

무심히 피고 지는 열정에
강산 많이 변하는구나.

신작시

매 화(1)

긴 겨울 찬바람
모두 이겨내고
주어진 업이라

아무 원 한없이
피어나는 작은 꽃
슬며시 부는

봄바람에 띄우며
누굴 위해서도
보라는 것 아니고

오직 주어진 일
굳건히 해내는 그 열정
너만 같아지는

본받을만한 충성심
자랑스럽구나! 너의 얼
세상이 모두 너라면?

진실한 사랑

우리 삶에서 사랑이 얼마나 소중한가
사랑이 없으면 삶도 무의미하며
힘든 삶 속에서 즐거우며
땀을 흘려도 피곤치 않으며

진실한 사랑 있기에 두렵지 않고
마음과 세상이 편합니다.
우리의 삶 속에서 사랑은 절대적이며
사랑 없는 삶은 절망입니다.

인생길은 삶이지만
진실한 사랑이 담겨야 합니다.
바람만 불어도 넘어지는 여인은
삶에 사랑은 강한 집념입니다.

우리 사랑을 영위하려면
너그럽고 부드러운 노력이 필요하며
일생 삶에 큰 용기와 희망을.

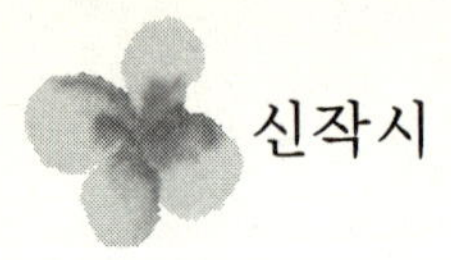

신작시

진돗개

타향에서 살으려니 적응하기 너무 어려워
눈치 코치 밥 왠지 마음에 들지 않아
눈만 뜨면 고향 생각 주인님 사랑 생각
동네 어귀 뛰어다니며 마구 놀던 생각
남몰래 소리 없이 눈물을 흘려도 냉정한 타향

늘 가슴에 품은 고향 생각에 잠 못 이루어
고향 찾아가리라 몇 날을 궁리 끝에
산 설고 물 설고 낮 설은 곳 도저히 견딜 수 없어
드디어 행동으로 옮기여 남향으로 내달린다
먹다 번린 빵조각 끼니 때우며
거리에 쓰레기 뒤집어 얻어 삼키고

차는 그리 많은지 차 피하기 너무 어렵고
정신이 없어 칠 뻔 한게 몇 고해 돌팔매도 얻어맞고
청도를 지나 남해로 다리아픔은 뒤로 한 채 오직 주인님
눈에 밟혀 발바닥이 불어터지며 버려진 생선토막 삼키고
남해로 몇 날을 걸었는지 배고픔보다 피곤함에 지치고

남도까지 내려오는 날이 몇 달인지 부둣가에 서성인 지 허구 한날
굶주리는 배 허기진 날이 더 많아 이 배 저 배 몇 번을 타려도
기회 되지 않아 마침 기회 다 배를 슬쩍 타고 드디어
진도에 도착하니 주인 엄마 반겨주고 주인 아들 반겨주니
그 기쁨 눈물만 마구 쏟아집니다.

신작시

봄의 전령

따사로운 봄볕에 아지랑이
심상 젖은 풋내음 사계의 대왕
임 향한 그리움 봄 무지갯빛
천연으로 물든 대자연의 향연

이 지의 발 걸은 봄바람에 취해
가는 길이 허둥대는 농익은 봄
거리마다 발길마다 무풍지대
가슴에 타는 사랑 불 지르고

봄 향기 코끝에 머무르니
임의 체취 사랑 노래
봄 메아리 어우러지는
푸른 연잎의 전령

봄마당

양지바른 언덕에 아지랑이
봄 나비춤을 추며 날아간다
앞산에 진달래 만발하니
뒷산에 산새들 지저귀는 소리

동네어휘 동네꼬마 녀석들
텃밭에 수탉 날개를 펴고 알리는 정오
봄 여울 개울에는 시냇물이 흐르며
동 구박 발걸음이 가벼운 아낙네

개울가 알 수 없는 재잘거리는 새들
양지 뜸 언덕 마루 풀잎 뜯는 어 미소
들녘엔 봄나물 캐는 아낙들의 미소
봄의 일체가 어우러진 들녘,

신작시

민들레의 눈물

밟지마라 아프고 서럽다
짓밟힌 구부러진 허리

사생결단 펴고 일어서는 노란 연잎
찬 겨울 머금고 세상 구경 나오라니

고귀한 생명을 짓밟느뇨
다시 일어서는 서러운 운명

알겠느냐 이 고통을 밟지 마라.
내 얼굴 나도 생명 이로니,

매화(2)

봄볕이 쪼이는 매화나무
살포시 내미는 봄 여운
휘어진 가지에 웃는 얼굴
그 빛깔 그 색채 잊지 않고

내미는 연분홍 매화
가지마다 귀여운 보성이
자연의 터질 듯한 미소
차가운 설한의 긴 시련 인고(忍苦)

보내고 장엄하고 고귀한
너의 용맹스런 용기와 희망
생명의 숨결 따라 풍기는
고결(高潔)한 매화.

신윤호

한국 문예사조 詩와 수필 등단
국제 나사렛 대학교 대학원장 표창, 한국 연세 대학교 원장 표창
한국 한비문학 시부문 본상, 한국 민족문학 가협회 표창
한국 문화 진흥원장 표창, 한국 한비문학 공로상
한국 문학정신 베스트 작가상, 한국 크리스찬 문학 표창
한국 문화 예술 연예 문학 대상, 서울시 (시) 선정자품 (민들레)
한국 문인 협회 문학 정보위원, 한국 크리스찬 문학 홍보위원
한국 민족문학가 협회 부총재, 한국 기독 시인협회 운영위원
저서: 「사랑뒤에 오는 사랑」 「하늘꽃 구름에 누워」

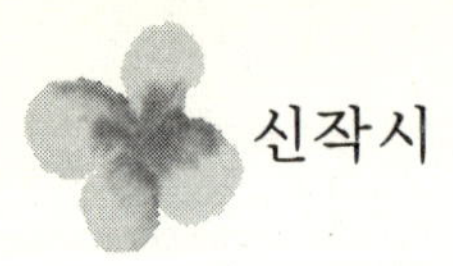

신작시

그리운 시간은 편지 속에 있나니

유지희

어느 날 문득
오래도록 간직하고 있는 편지함을 열었다

빛 고운 한지로 만든 편지함에
새색시처럼
곱게 들어 있던 편지들이
모두들 가슴을 열고
유월의 햇살에 눈빛을 반짝인다

상처를 치유하기 위하여 병실에서
붉은 장미꽃잎을 붙여 편지를 보내준 사람

가을 바람을 붙잡고 싶다며
절절한 사연을 적어 준 친구

엄마가 자신에게 가장 첫번째 선생님이었다고
고백 아닌 고백을 했던 사춘기 시절의 아들

스위스 융프라우에서 엽서를 보내준
마흔을 바라보는 어여쁜 숙녀

오랜만에 떠올려 보는 사람들의 사연을 다시 읽으며
이제 내게 남은 그리움은 없나보다며 체념했던
그리움들이
편지함 속에 있는 것을 몰랐구나
그토록 가까이에서 나를 기다리고 있는 수많은 그리움들을
내 무릎에 앉혀 놓고
유월을 읽는다

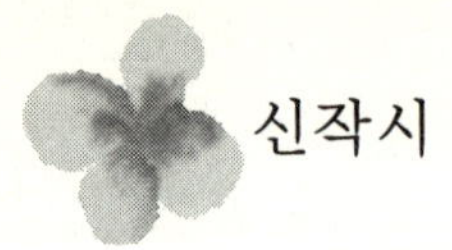

신작시

파랑새를 찾아서

이슬 내린 숲길을 걸으며 맑은 새소리를 듣는다. 그 새는 어디에 있는 것일까
가만히 서서 눈여겨 보아도 보이지 않는 새의 실체. 어린 시절 읽었던 동화에
파랑새 찾아 길을 떠났는데 아무리 찾아도 보이지 않아 집으로 돌아오니
그렇게 찾던 파랑새가 자기 집 안에 있었다는 이야기를 생각해본다.

내가 찾는 파랑새는 이제 더 이상 새가 아니다. 그것은 잊었던 꿈을 다시 기억해내는 것이며,
기다림에 지쳐 포기했던 기다림을 다시 가져 보는 것이다. 그리고 웃으며 살아가는 것이다.

파랑새는 내 안에 있다.

애호박

따뜻한 기억이다
가슴에 남아 있는 첫사랑의 기억보다 따뜻하다
동글동글
풋풋함이야 어디에 비하랴
할머니 동백기름 냄새가 나고
잘 익은 벼 냄새도 나는
동그란 어여쁨

유지희

1998년 한맥문학으로 등단
한국문인협회 정책개발위원
서대문문인협회부회장
서포문학상, 후백 황금찬 시문학상, 서대문문학상 수상
시집 : 「삶은 너무도 깊은 사랑이어서」「천 년의 사랑을 잃어버린 듯」
「시간과 마주할 때」 발간

신작시

꼬막이 생각난다

이강흥

벌교에 가면
빗살문 굳게 닫힌 꼬막이
소문처럼 뻘밭에 숨는다

그 숨은 명성만큼이나
헤프게 혀를 내미는 선술집 작부처럼
사내들의 품속에 빠져드는 밤이
여인의 입술을 덮치지는 아니한다

어느새 세상을 맛보려
뜨거운 물속에 몸을 던진 너는
어쩌면 한쪽으로만 어지럽게 돌다가
이내 빗살문을 열고 한 입 속살을 내보인다

그 틈사이
눈과 마음이 너에게로만 가는 것을 어쩌지.

내일이 온다면

오늘 하루가 기다리다 지치면
돌아온 시간속으로 희망의 내일이 온다
어차피 삶으로 떠나는 인생 길
하지만 하루라는 시간 속에서
수많은 생각들이 내 머리를 스쳐가고
다시는 오지못할 소중한 하루가 또 지나간다
나에겐 오늘이 있다는 것이 행복하고
언제나 그랬듯이 주변에서 만난 사람들이
싸우지 않고 가까이 있어 사랑스럽다
지금 이 순간도 살아 있음에 감사하고 기뻐하며
이 시간이 지나고 나면 늘 추억으로 쌓여가는 것이
우리 모두가 살아가는 이유가 될런지
피로에 지친 밤이 스치고 지나가면
허전함 속에 빠진 카렌다의 하루를 지운다

난, 오늘밤
내일이 온다는 생각에 희망의 꿈을 꾼다.

신작시

어 허야 상엿소리

울음소리에 이승에서 귀를 열고 가노라면
저승 가는길 하늘에 이를 때까지
만장이 바람결에 아픔으로 나부낀다

꽃상여에 매단 꽃들 기별없이 찾아오면
시린 하늘은 눈물 섞인 꽃길따라 영면일세
살아서 부르지 않던 노래
죽어서 실컷 불러주는 만가따라

마중없이 누워서 어디쯤 가노라면
애절타 눈물섞인 상두꾼의 상엿소리가
저 하늘까지 귀를 열고 가려하네.

할 말이 있는데

저 사람 떠나기 전에
꼭 할 말이 있는데
미쳐 마주보면 차마 말을 못한 건
저 바람타고 가뿐히 오신 그리움뿐이야
가슴속에 묻어둔 구구절절한 얘기는
막상 얼굴을 맞대고나니 입술만이 파르르 떨리다가
선풍기 날개처럼 돌다 그냥 그렇게 지나쳐 버린다
꼭 할 말이 있는데
기다린다는 말로 사랑을 대신할지라도
언제나 가슴만 뛰어야하나
사소한 일도 가슴 뭉클한 일도
소주 한 잔 걸치며
서로 마주보며 할 말이 있는데
그 얘기는 언제 하려나.

신작시

행복한 상처

사랑은 언제나 그 자리에 있는데
오늘따라 왜 그 사람이 보고플까?
행복이 무엇인지도 모르고 살던 시절도
무조건 행복하게 살아야겠다고 마음 먹은 때도
부질없이 빤히 쳐다보는 상처로만 남았는데
누군가 슬쩍 웃어줄 땐 치유가 되지만
구멍난 심뽀로 갈쿠리질 할 때는 마음이 저려온다
나는 눈물어린 행복의 웃음을 그리워 하면서
내 가슴에 웃음꽃 한송이 심고
기억을 지배하려 한다
과거에 짖눌린 아픈 기억들은 이제 아물어 가는데
마음 속에 피어나는 희망의 웃음도 꽃으로 피는데
왜 우린 작은 상처에 가슴아파 하는가
보면 볼수록 내 자신이 작지만 크게 아물어 간다
세상의 빛처럼…!

이강흥

전남보성출생, 서강대학교 공공정책대학원(사회학석사) 졸업
중앙대학교 예술대학원 수료
한국문인협회 정책개발위원, 서울문인협회 이사
서대문문인협회 상임이사, 창작21작가회 이사
한국문인산우회 수석부회장, 사랑방시낭송회 상임시인
저서 : 「바람이 스치고 간 흔적」, 「나는 또 수작을 건다」
「이제, 말을하라」 외 다수

서울 이야기

이독밀

발아래 굽어본다
어느 은하계인가

별 초롱 꿈 초롱
지금 어디메쯤
자투정 어린 아기
엄마 품이 그리운데
엄닐랑 일터에 나가 아니 돌아오는,
서울은
잠이 없어라

아기야
되려 네가 엄닐 용서했다고

신작시

서울에 산다

사람들의 다급한 발걸음
부딪고 아파하고
헤어진다
거리에는
요염한 옷가지들
싸구려 화장품
마네킹에나 어울리는
가냘픈 하이힐
넘쳐나는,

까마득한 고층 아파트
손바닥만한 방
이 집도 저 집 같고
저 집도 그 집 같으니
어려울사
할아버지 할머니
고향 그리다 지치셨다

파도,
파도,
파도!
파도!

파도!
파도!
파도!
파도!
뱃고동
뚜-우-

신작시

인연

그대는 난초와 같이 고결하고
섬세하며,사막의 선인장같이
뜨거운 열정의 화관을 쓰고 있구나

몸에는 만 가지 향취가
그대 머리 위으로 오색 후광을 만들었으니,
저 하늘의 샛별 같아라

오– 나만의 그대여!

그대와 나의 연분의 정(affection)도
한 개 떨어질 꽃잎일지라도, 그대 향한 사모의 마음
지옥의 불화로보다 더 뜨겁게 타올라

그대와 내가 이별해야 한다면 차라리,
차라리 내 몸을 불길에 사르고 그대의 오묘한 오색후광 속에서
더욱 빛나는 찬란한 금관이 되리라

혼자 가는 길

바람이 불었다
바람이 불어서 나는 울었다
나는 울었더니 눈물이 나왔다
눈물이 바람에 날아갔다
가만히 웃었다

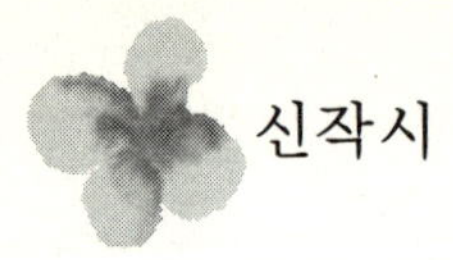

신작시

내게 귀한 벗 있어

내 마음은
철없던 시절
시냇가에 부서지는 햇살
구르는 조약돌, 속살대는 한마리
송사리

내마음은
흔들리는 낙엽
쏟아지는 빗줄기
조롱하는 바람
내 마음은
이슬마저 빼앗긴
내 마음은
흔들리는 낙엽

그러나
내 마음에
귀한 벗 있어

내 마음은
철없던 시절
시냇가에 부서지는 햇살,
구르는 조약돌

내 마음에
귀한 벗 있어
속살대는 내 마음은
한 마리
송사리

이독밀

강원도 속초 출생
인하공전 항공관리과 졸업, 월간「문학세계」등단(1999년)
서대문문인협회 회원, 세계시문학협회 회원
한국음악저작권협회 회원, 대한항공 퇴직
세계국제태권도대회 영어 통역, 예술 가곡 작시, 영시 작업 중
시집 :「남아 있는 날들」「끝없이 흐르는 강(江)」「진주」「영원히」
예술 가곡 작시 : 〈사랑의 종이 되리〉〈상사〉
〈흘러라 내 마음의 강물이여〉〈지난날〉

신작시

사랑을 말하다

이미영

계절을 지나는 바람이 되어
시간을 붙잡지 못하고
사람들은 어디로 흘러가는지
안부가 궁금하다

살다보면
아니, 살아가다보면
흘려보낸 아쉬움은 머릿속을 빙빙 돌고
경계를 뛰어넘던 번개와 천둥도
언젠가 다시 그리워질 향수로
떠올릴지 모른다

너는 바보다
나는 바보다
가슴속 허공에다 메아리를 꽂아놓고
그 흉터마저 지워지지 않을
끓어오르는 몸살

내가 사랑이라고 말하는 것 중 하나
천장에 붙여놓은 야광별이 되어
단지 빛나고만 있을 뿐이다.

시간을 거슬러 올라

매달 초하룻날은
남 줄 돈도 안주고
실랑이도 안하는 날이라고
그래야 한 달 내내 재수있고
집안이 잘된다며
내 부모는 싱긋이 웃었다

노을을 짊어진 힘든 어깨
조그만 주먹손으로 두드리면
손 아프다 그만해라
다 나았다 시원하다
거짓말은 말갛게 익어갔고

유령의 시대를 걸어다니는 오늘디지털은 스마트하게
머릿속을 휘감으며 조여오고
그 습관에 익숙해져
사람들은 또 다른 하루를 데려온다

존재하지 않는 미래는 불안하고
지나간 그리움은 버겁기만 한데

신작시

짝퉁 같은 인간사는
왜 이리 눈물만 나게 하는지

햇살도 바람도 늘 낯선 하루
아날로그 그때로 돌아가고 싶다.

이미영

한국문인협회, 새한국문학회, 한국문인회 회원
서대문문인협회 홍보위원장
「한국문인」 편집실무위원 역임 /전국 소월 백일장 심사위원
KBS라디오 전국주부백일장 가작 외 다수
시집 : 「내일도 부는 바람이 있음으로」
한국문인문학상 수상, 한국문인시문학상 수상

하얀 비

이상현

초롱 초롱 동해바다에 떨어진 별
밤새 걷고 걸어 새벽이슬 맞고
백두대간 태백산 넘어

멍멍이도 잠든
검디 검은 코흘리개들 놀이터
석탄재 쌓인 기찻길로 마실올 때

한강 발원지 옹달샘 검룡소(劍龍沼)
소로록 소로록
생명 젖줄 만들 때

지하갱도 막장 석탄 캐는 소리
꺼억 꺼억 광차 구르는 소리
낙엽처럼 목메인 카지노 소리

시커멓게 말라버린 소리에 놀라
마실온 동해바다 불 쏘시개 별
시린 가슴 묻고 또 묻는다

검은 눈
하얗게 웃음으로 내려
하얀비 될 때까지

신작시

우리들의 큰 그릇

겨울바다는 차갑지 않아
시린가슴 따스하게 해주니

달빛은 외롭지 않아
밝은마음 일깨워주니

별빛은 서럽지 않아
언가슴 반짝반짝 녹여주니

우린 이제
시리고 외롭고 서럽지 않아

우리 마음결 깊은곳에
바다 달빛 별빛
살아 숨쉬니

할머니 손가락 골무

상처투성이 할머니 골무
대대로 이어받아
어머니, 어머니의 며느리

골무는 일러주고 있다
너희 인생은 골무와 같다고

살다보면 온갖 바늘에 찔리며
피나고 아파하며 사는것이
무릇 인생이라고

찔림은 당하더라도
찌르지는 말라고

찔리는 아픔을 익히 아는
까닭에…

나의 며느리에겐
물려주고 싶지않은
골무
할머니 골무

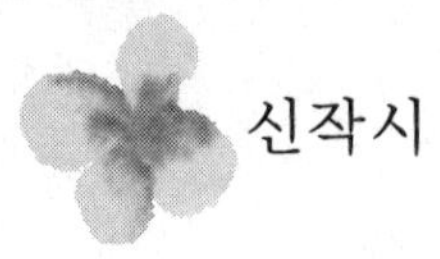

신작시

시골 장터

송진 냄새 덜가신 소나무에 걸려
팔랑 거리는
라이타돌과 좀약

좌판에 누워 있는
수세미와 양잿물 비누

라이타돌 사세요, 좀약 사세요
어눌한 목청에 깜박 잠이 든

산골 5일장 찾아 다니는
나무 수레 바퀴

내일은 또 어느 장터로 가려나
아기 기침소리에 잠이 깬다

수레끄는 사람
수레미는 사람

등에 업힌 아기
콜록 콜록 기침을 한다

내일도 눈 덜녹은 저 높은산을 넘어가야 하는데
나보다 더 아린

초승달에 안긴
아기 보조개

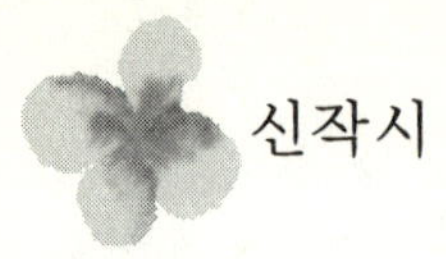

신작시

겨울 벤치

벤치는 앉는 사람
엉덩이 온기로 산다

기약없는 온기를 기다리며
땅속에 시간을 묻는다

낙엽이 호로롱 날아와
희롱하며 농을 건네고

도토리 입에 문 다람쥐
귀를 열 때

잔설(殘雪)에 떨어진 솔잎
아지랑이 봄날을 꿈꾼다

이상현

아호 - 겨레돌
함석헌 선생님으로부터 사사(師事)
서울 묵동 야학 설립, 지도활동
인사동 시인학교 회원, 한국문인협회 회원, 서대문문인협회 이사
국제문학바탕문인협회 회원, 올해 우수문학상 수상(2008년)
저서 : 시집 『미소짓는 씨올』
공저 : 〈시와 에세이〉, 〈시와 빛그림〉 등 다수의 동인지 참여
현) 아세아시멘트 임원

서대문 독립공원

이성남

금강송
낙락장송(落落長松)으로
독립투사마냥
사열로 서 있는
서대문 독립공원

새로운 출발
새싹
가지 사이사이로 찬란한
작은 연못까지 갖춘
서대문 독립공원

청태종 거짓 공덕비
병자호란 삼전도비(三田渡碑)
세번 절하고 아홉번 머리 조아린
인조임금 삼배구고두(三拜九叩頭)
일천육백삼십칠년 정월

굴욕의 세월 수 세기 지나
세워진 독립문(獨立門)
밑거름이 된 낡은 세월
새로운 계절에 얹혀
영원한 번영만 있을 독립공원.

신작시

북한강

그제 강변 지나 올 때
삭막한 가지에 눈송이 피워
쉬어가라 잡으시더니

오늘 강기슭 접어드니
님은 가랑비 흩날리며
맨발로 반기시네

지난날 꽁꽁 얼린 한(恨) 덩이
하늘도 산도 님과 같이
물안개 휘감고 산수도(山水圖) 이루네.

사모

운문사 푸르른
물 그림자
만나잤더니

낙엽은
산 그늘에 흐르고

먹구름은
머리 위에 흐르고

바닥 드러낸 계곡에
님은
숨어 숨어 흐르네.

신작시

삼림욕

시들시들한 이파리
낮달도 하얗게 질려
여름을 뒤척인다

허허 벌판 드난살이
넘실거리는 더위 말아들고
빛살무늬 멀쩡한 사골로 갈까

푸들푸들 경련하는 마음
물푸레나무 숲 속에서
치렁치렁한 무채색 한아름 펴 올려
삼림욕 하고 싶다

잎새 사이로 묻어든 햇살
살금 거릴 때
다람쥐처럼
칡넝쿨에 갇히고 싶다.

규방

상큼한 바람 한 자락
머리맡에 몰려 와
기척을 알리네

삼경이 지난 한밤중
열려진 창문 넘어
누가 기웃거리나 싶었네

노란 봄 개나리
벌써 꽃잎 벙글고
내 비어 둔 규방
옆자리에 오른네.

이성남

함경남도장진 출생(1941) 경북문경정착(1948)
문학시대(시대문학) 시 등단(1990)
한국문협문인저작권 옹호위원, 국제PEN한국본부 회원, 현대시협 이사
문학의집서울 회원, 서대문문협부 회장, 농민문학부회장 역임
시대시인 회장 역임
시집 : 「새벽창가에서다」(1991) 「길을열어라바람아」(1993) 「비몽」(2002)
「사는까닭」(2007) 「천형의비밀통로」(2012)외 수필 공저 다수
단편 : 노인의초상(1997)

신작시

가을이 준 행복

이영순

가을도 이제 막바지 인가
빛고운 가을 하늘처럼 늙고 싶구나

비록 내 글은 황진이를 닮고 싶고
내 행동은 신사임당을 닮고 싶지만
마음은 퍼팩트 같은 사랑을 하고 싶다

가을을 만끽할 줄 모르는 사람은
통나무를 닮았던지 닥터가 필요하지 않나?
자연과 계절의 아름다움 앞에 나이와 상관없이

낭만적이고 아름다운 마음이 드네
사랑엔 한정판이 없나니
나만의 작은 설압을 욕하지 마라

이 가을에 난 누구도 모르는
큰 선물을 받았다

하나님만 아시는 고운 가슴을
가을 선물로 받았으니 하늘을 보며
저리도 가을 하늘이 아름답다는 걸 느껴진다.

시계 방향처럼

시계는 한 방향만 도는데
인생과 마음은 수천방향

가슴 할퀸 사람
마음접고 사는 사람
눈물샘 마를날 없어도

철든 가슴
철이 안 난 가슴
사랑하다 반쪽된 가슴
멋대로 도는 마음까지도
시계 방향을 닮으면 좋으련만

밤새워 사랑한다고
쪽쪽 거리던 인간도

한순간 토라지면
반대 방향으로 거품되네
세상만사가 새옹지마라

가슴에 조각 주섬주섬 모아
시계추에 꽁꽁 묶어놓고 싶네

신작시

그대를 만나던 날

그대를 만나던 날
느낌이 참 좋았습니다

그리고
이 느낌이 영원하길 바랬습니다
그리고 사랑을 알았습니다
그리고 그리움도 알았습니다

그리고 눈물도 배웠습니다
그리고 아픔도 배웠습니다
그리고 인내도 배웠습니다

그래도 그대를 만나던 날의 느낌은
내 가슴에 남아 언제나 설렘으로
기억되는 축복을 나는 선물로 받았습니다.

이영순

수필가, 시인
(현)한국문인협회 회원, (현)한국인 문학 이사
(현)월간 국보문학 부회장, (현)서대문문인협회 이사
문예춘추 섹익스피어 문학상
문예 예술 진흥회 작가상, 문학대상, 수필상
서울스포츠신문 2011년, 이노베이션 문학대상
수필집 : 「민들레 홀씨되어」「李榮順에세이」
시화집 : 「하늘빛 풍경」「생의 미학과 명시」「크리스천 문학」 등
공 저 : 「춤추는 인사동」「겨울나그네」「내 가슴이 너를 부를 때」 등 다수

어느 겨울밤

임관영

내 어릴적
문풍지가 바르르 우리던 밤

대문 밖엔
딱딱이 치고가는 야경꾼의 소리

무엇에 놀랬을까
닭장 안엔 닭들의 잠 깨는 소리

마을앞 신작로엔
스르 철컨 스르르 철컨
체인 감긴 군용차 소리

숙제가 끝난 밤
좀처럼 잠은 오지 않았다
꺼져가는 화로를 껴안고
꺼져가는 화롯불 껴안고
숙제가 끝난 밤

어머니가 그리웠다
어머니가 지어주던
솜바지가 그리웠다.

신작시

고총古塚을 보며

인간 하나 허물어진 채
아주 버려진 채
푸른 잔디 덮지도 못하고
아직도 한 억년 버텨야 할
자갈밭 범벅 속에 누웠습니다.

어둠의 즙 모두어 문 채
청솔바람 싸리숲 대지 한 평에
억새풀 서걱 서걱 서걱입니다.

생각하면 당신 선영에 묻히시던 날
핏줄은 슬프게 울었을 텐데

허나 세월이 가
긴 세월이 가

섭섭한 아카시아 뿌리는
무덤 깊이 파고 듭니다.

그리고 답답이, 어둡게, 슬프게
뼈마디 몇 조각 뿌리에 엉키어

해마다 변해가는 고총의 모습
아!
훗날 나도 저 모습 되려니

돌무더기 뿌리속 엉키는
뼈조각 되려니

생각하면
허전 허전 쓴 웃음 나네
생각하면
나도 흙더미 하나.

신작시

어머니 생각

화롯불 헤치며
검은 콩 볶아주던 어머니

삼동삼경에
콩나물시루에 물을 주시다
차버린 이불자락 덮어주던 어머니
뒷간길 무섭다고
지켜주던 어머니

섣달 그믐 깊은 밤에
박박머리 삼형제
잠 재워 놓고
때때옷 사랑으로 만드시던 어머니

송홧가루 날리던 보릿고개엔
가난이 푸르러
청보리 조르르 볶으시던 어머니
밥숟갈 두껍게 떠보지도 못하고
속앓이 앓이로 놋주발 맛사지.....

더 더 더
살고싶었던
서러운 어머니

어쩌다가 난리마당에
문명의 따스함도 못보시고
쓰린 봄 소소리도 오기 전
다 두고 이사를 가셨나
요단강 건너 이사를 가셨나
상여소리 없이……

아!
이제 한탄만
첨
첨

빛 바랜 사진 한 장
눈물 어려 보인다.

임관영

시인, 시낭송전문위원
경기 포천 출생, 호국문예로 등단, 서대문문인협회 이사
한국문협 경기도 지회 수석 부지회장(전), 포천지부장(초대, 2대)역임
현) 경기문협 자문위원, 포천문협 고문, 상록수 시낭송회 상임위원
대통령표창(국가안보), 국방부주최 현상응모 당선(시, 장관상)
경기문학상(본상)
저서 : 「광릉 가는 길」「백미러와 할미새」「대학생 만들기」 등

신작시

개망초.4

장원의

가을 들녘을 하얗게 수놓는다
나라를 망친 꽃이라해서 망초란다
그것도 모자라 '개' 자까지 붙였다
분하고 억울하다

햇살같이 사방으로 뻗은 하얀 꽃잎
한 가운데 노란 꽃술
계란 후라이 같다
보잘 것 없이 작지만
앙증맞고 귀엽다

흔하고 천해서
아무도 거들 떠 보지 않는다
가까이 다가가 보니 꽃이다
더 가까이서 바라보니 예쁘다
보고 또 보니 사랑스럽고
정이 든다.

논개(論介)

임진왜란 때
왜장 게야무라 로구스케(毛谷村 六助)를 끌어안고
남강에 몸을 던진
논개

단절됨 없이 흐르는 청사(靑史)의 강한
무성한 대숲은
꺾일 줄 모르는 그녀 정절이었거니

어찌
의암 술자리 삼아
술 한 잔 올리지 않을 수 있으랴

논개여
먼 옛적
나라를 위해 몸을 던질 줄 알았던
누님이여

유유히 흐르는 남강 거울이 되어
그대의 모습 비춰주거니.

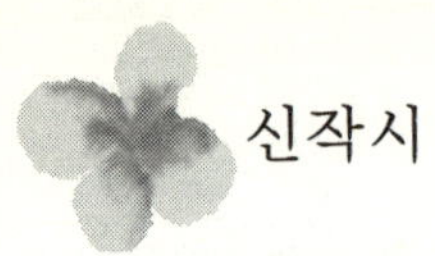

신작시

청학동 (靑鶴洞)

물욕도 명예도
속세에 부려 놓고
유유자적 학(鶴)이 되어
바람처럼 구름처럼 청산에 묻혀
낮에는 구름을 껴안고
밤이면 별을 헤이며
자연을 벗 삼아 살아가는
별천지

타임머신을 한 세기쯤
되돌려 놓은 곳
문명에 둘러싸인 고도(孤島)
상투 틀고 갓 쓰고
하늘천 따지
삼강오륜에 따라 사는 도인촌

한인, 한웅, 단군 삼성신(三聖神))을 모셔 놓고
국태민안을 염원하며
홍익인간의 이상향을 꿈꾸는
청학동.

불꽃

칠흑 어둠 속에서만
피는 꽃
터지고 쪼개지고 박살이 날수록
그 존재는 위대하다

하나
환한 대낮엔
무명(無名)도 되고 무명(無明)도 되는
존재무와 같다

빛은 어둠에 업혀 살고
어둠은 빛에 업혀 산다

불꽃의 생애 또한
그러하다.

장원의

서대문문인협회 고문
장안과 원장

신작시

그대와 걷고싶은 가을 길

한재서

낙엽이 한잎 두잎 떨어져
쌓이고
왼쪽 산 언덕에는
노송이 굽어 늘어지고
그 사이
덤성 덤성 단풍잎 곱게 익어있고
길옆 오른쪽에는
에메랄드 빛 보다 더 푸른
잔잔한 호수 있는
오솔길
보들 보들 따뜻한 그대 손 잡고
그 길을 걸어 갔었지.

그 시절에는 그대 모습이
내 가슴에 새겨지고
사랑이
그대 마음과 내 마음을
자유로히 왕래하며
릴케의 시를 줄줄 외우든 시절
그 길을
빨갛게 익어가는 단풍을 보며
오늘은 나 혼자 걸어면서
허전한 마음으로
먼 추억속에 잠겨
그대 고운 모습을 삼키고 있네.

낙엽지는 소리에

낙엽지는 소리에
그제는 잠을 못이룬 밤이었는데
어제 밤은 가을비가
유리창을 두드리며 소란을 피우네

오늘밤은 외로움이
뒤척 뒤척 잠을 설치게 하여
눈을 감은체로
하얀 백지위에 그대모습 그리고있네

다람쥐는 도토리 물고
이곳 저곳찾아 겨울 준비하고
다람쥐 입 도토리는
날 살려달라 비명을 지르고있네

꽃진 뜨락엔
노란 들국이 홀로 피어있고
스산한 오솔길엔
가을 바람이 낙엽을 쓸어가네

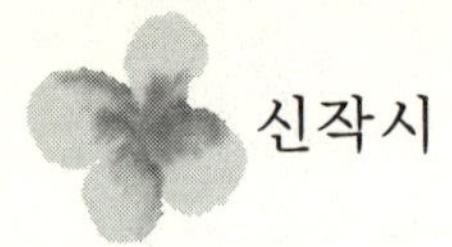
신작시

가을 병

가을이 오면
여자는 혼자서 어디론가 여행을 떠나고 싶어하고
남자는 곁에 향긋한 여자가 있어주길 원한다.

그래서 가을에는
낙엽진 오솔길에서 홀로 걷고있는 여인을 보기 쉽고
가을 등산길에는 남자옆에 젊은 여자가 따라준다.

가을 여자는
혼자 떠난 기차여행 에서
차창을 내다보며 지나온 인생을 뒤돌아보고
자신의 현실속 결박에서 풀려나
미래를 바꾸어 보려고 생각해 보지만

그건 차창을 보는 생각일 뿐
기차 정차장에 도착하면
자기도 모르는 사이
생할속의 생각으로 뒤돌아간다.

가을 남자는
단풍잎 깔린 골목 선술집에서

배낭 등산짐 풀어놓은 체로
동행한 젊은 여인 옆에 앉혀 놓고
시간이 가는줄도 모르며

무슨 이야기가 그렇게 많은지
혼자서 이야기를 하며
쇠주잔을 들었다 놓았다.
자기 자랑을 낯이 뜨겁도록
늘어 놓는다.

가냘픈 여자의 신음소리
들릴듯 말듯
남자의 눈에는 아름운 장미꽃만
피어오고
혼자서 술을 마시는 가을 남자는
그래서 더 쓸쓸하다.

가을이 오면
여자나 남자나 앓고있는 가을 병
올해는 무엇으로
치료를 해야 할까……

한재서

한국문인협회 회원
서대문문인협회 감사

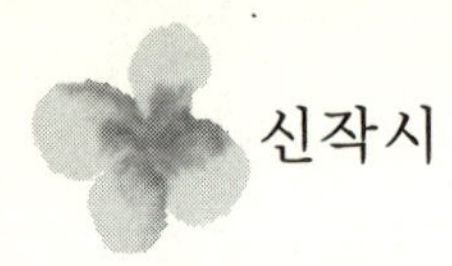
신작시

귀천

한창희

하늘이
내려주신
귀중한 생명

이 세상
삶을 다하여
고향으로
돌아가는
길목에 서서

못다한 일
하고픈 일
두고가는
미련 때문에
아쉬움 때문에
돌아보고
또 돌아보고
머뭇거리네

인간의
본성을 드러내어
온갖

넋두리로
하소연도 하고
애원도 해보고
몸부림 치며
통곡의 문을 두드린다

저승길 가는
길목을 지키고선 저승사자
염라대왕의
사주점고를 받고
길운을 점치고
생전의 허물들을
벌 받는다.

저승 갈
노잣돈마저
탕진하여
실오라기하나
걸치지 못하고
알몸으로
그냥 그렇게
빈손으로
떠나가야 한다
맨발로
가시밭길을
걸어가신다.

신작시

세월의
풍장으로
모든 것 다 버리시고
한줌의 재가 되어
한 마리의 새가되어

하늘 높이
하늘 멀리
바람따라
구름따라
날아가 버리신다
이승을 떠나신다
한 많은 이승을
떠나가신다

내수의

인간사 세상살이
알몸으로 태어나서

한평생 살다갈제
떠나실 때 입고가실
허물없는 정결한 옷
수의들을 아련하네

윤년 윤월이면
수의를 마련하러
가가호호 야단법석
빈손으로 찾아왔다
빈손으로 돌아가는
숙명적인 인생살이

내한평생 사는동안
화려했던 경력에서
입고살던 의상들들
골라입고 갈까하네

새하얀 목화실로
정성들여 만들어진
면내의로 소복하고

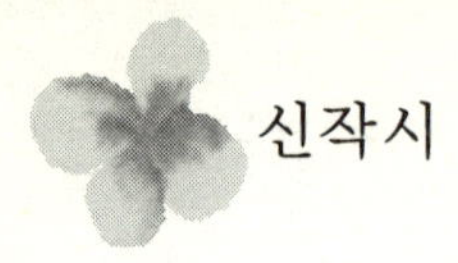

신작시

새하얀 장갑끼고
새하얀 양말신고

다소곳이 손을모아
바르게 편이누워

고요히 눈을 감고
떠나려고 하는구나

머리엔 아껴쓰던
새까만 중절모 쓰고
새하얀 와이셔츠
화려한 목댕기매고
새하얀 머플러에
흑색 털코트입고

아끼던 광택구두신고
이승의 문을 닫는다

새만금 방조제

달려가네
달려가네

충청남도 장항 항구
전라북도 군산 항구

금강하구 마주보며
승승장구 발전하네

달려가네
달려가네

서해 바다 가로질러
기나긴 둑을 쌓아

세계에서 제일 긴 둑
새만금 방조제 길

달린다
달려간다

김제 만경 넓은 들도
새만금 간척지에

신작시

비할 수 없다는데
함께 같이 달려가네

달린다
달려간다

기나긴 방조제 길
국토화장 이룩하여

동북아의 경제 중심
종합개발 이루리라

아리랑은 내 고향

아라랑 아리랑
내 고향은 아리랑

밀양의 아리랑도
진도의 아리랑도

정선의 아리랑도
우리우리 아리랑

아리수 한강수는
고구려의 옛이름

내 고향 만주 벌판
고구려의 옛 강토

간도 땅의 아리랑도
나의 조국 아리랑

아리랑 아리랑은
아리수의 아라리요

머리 속에 남아 있는
아리랑은 우리 고향

가슴 속에 남아 있는
아리랑은 나의 고국

신작시

자연의 순화

맑게 개인
파아란 하늘
더 높은 창공엔
비를 실은
새하얀 뭉게구름이
두둥실 흘러가며
새 공기를 만들어 줍니다.

늘 푸른 청산
짙은 녹음은
혼탁한 공기를 여과시켜
상쾌한 맑은 공기를 정화하여
생물들의 목숨을 보전하여 줍니다.

옥빛 푸르른
청록의 바다에서는
물방울들이 모여들어
창해를 이루고
만물의 새 생명을
잉태하여 줍니다.

향화 (香花)

맑고 깨끗한
공기를 마시고 싶어
심산유곡을 찾았는데

천리향 향기가
숲속으로 유인하여
무성한 잡초와 잡목이 우거진 숲에 가두었네

형 형
색 색의 황홀한
양생 백화가 만발하여
앞 다투어 뿜어내는 꽃향기에

나그네가 도취되어
향화 앞에 무릎을 꿇고
숲 속에 누워버렸다

＊향화 : 향기로운 꽃

신작시

통영 가는 길

한국의 나폴리
통영 가는 길

옛날과 지금은
격세지감

옛길은
너무나 머나먼 길

산을 넘고
강을 건너
수백 리 길

차를 타고
기차를 타고
배를 타고 건넜다

그러나
지금은

서울역 발
KTX에 몸을 싣고
부산을 향해 질주한다

질주하는 시간
두 시간 내외

부산에서
거가대교-
해저터널-
통영운하-
한려 해상 국립공원-
동양의 나폴리를-
관광한다

바다 위의 상쾌함
바다 속의 신비함
다도해의 아름다움

신작시

영혼이 머무는 곳

먼 훗날
이승과 저승을
넘나들다

내 영혼이
머물러
영생할 곳은

화려한
금수강산
삼각산 승가사

북 현무는 북한산성
좌 청룡은 칼바위 능선
우 배고는 비봉 문수

남 주작은
억만년을 이어갈
꽃이 피고 지는

영광의 수도 서울
화려한 수도 서울
명당 중의 명당자리

삼각산
승가사 품에 안겨
내 영혼을 잠재우리

한창희

한국문인협회 회원, 전국 공무원 문학협회 회원
한국 시문학회 운영이사 역임, 한국 아동문학회 중앙위원
교육잡지 「새 교실, 교육자료」 동시 추천발표(1959 이후)
교원 실기대회「백일장」시부 2회 입상(1961, 1962)
「한글문학」동시 당선(1994년),「문학관 어린이」동시조 당선(1995)
「한국시」시 당선(1995년,「한국시」시조 당선(1997)
한국 아동문학 작가상 수상(2005)
동시집 : 「고구려 옛땅을 찾고 싶다」, 동화집 :「네 꿈을 펼쳐라」,
동시조집 : 「동백꽃」외 다수
시집 : 「추억의 강」, 시조집 :「노래방 비곡」

민조시 · 시조

민조시

釋誕節

金進中

무량수
자비광명
삼백예순 날
그대 머리 위에.

돌아오지 않는 다리

골짜기 좋은 터엔 절집 있는데
바닷가 전망 좋은 곳에는 가시울 초소라.

내 오늘 수년 만에 다시 와보니
한 치 한 뼘도 매양 앙앙불락.

하늘엔 철새무리 강엔 고기떼
남북도 없이 저리 오가는데.

이승가 소금기에 저승 노을빛
오고 못가네 돌아오지 않네.

-2012. 7. 27. 휴전선 155마일 종주 후.

민조시

창세기

애초에
빛 있어
땅 생기고
산 과
들 과
흙 과
돌 사이
물 흘러
강 줄
풀 돋아
숲 됐네

이
몸 에
손
발 로
옷 짓고
집 지어
밥 먹고
술 빚어
일 하고
춤 추다
잠 들면
꿈 꿨네,

눈
코
귀
입 으로
말 하며
숨 쉬며 듣고 보니
해 와
달 과
별 무리가 돌고 또 돌아
낮 과
밤 이뤘네.

생각 은
마음 과
가슴 과
머리 로 하는 것
사람 과
짐승 과
벌레 가 함께 얼려
사랑 하며
선택 하며
새끼 를 낳아
시간 과
공간
장식 해 가는
관계 가 되었네.

민조시

그리움
외로움
서러움
기다림
살다보니 자꾸자꾸 이상스럽고
복잡한 것이 생겨났지만
뵈지도 않고 만져볼 수도 없는 것들이네.

우리가
산다는 건
젖 에서 가슴
옆구리 좋아리,
사타구니처럼.
자꾸만
복잡해져 가는 하나의
긴 과정이었네.

김진중

경북 의성 사촌 출생
계간『자유문학』제17회 민조시부 신인상, 서대문문인협회 이사
현: 한국문인협회 민조시분과 회장, 한국민조시인협회 상임부회장
계간 『자유문학』 편집위원, 반년간 『민조시학』 주간
대한민국순국선열유족회『월간 순국』편집인 겸 편집국장
저서: 기행민조시집「天河愛 南行詩篇」도서출판 천산(2012) 외 다수
수상: 제9회 자유문학상(2009). 제1회 민조시학상(2012)

시조

영종도

문혜관

바다를 보러 간다는 것은
마음 설레이는 일이다.

있는 대로 가슴 열어젖히고
뜨거운 언어로 달려와
껴안는 바다
갈매기 데리고 마중 나와 있다

어제는 배로 잇던 섬
오늘은 다리로 이어져
폭풍이니 배 시간이니 헤아리지 않고도
마음 갈 때 갈 수 있는 땅

을왕리 해수욕장 산기슭에
따개비처럼 붙어 있는 커피점
낙조에 들어가
저녁놀을 바라보는데

커피잔 안에 붉게 물든 노을이
자꾸 내 안으로 밀려든다.

시조

간월암

달빛 속에 박꽃이 움터오는
고향 갯내음 묻어오는
간월도

소라껍질 속으로
갈매기 울음 가득 담기면
둘이 있어도
적적할 섬.

갯바위에 걸터앉아
소수잔 부어놓고
달을 바라보면
시성 이태백도
술잔 놓고 도망갔을
외 로 운 섬.

파도가 파도를 밀어낼 때
갯바닥은 옷을 벗고
월광욕을하고

만공은 달을 삼키고
달은 만공을 삼켜버린 섬.

태 묻은 말

따르릉…
누구시랑가 잉…
스님 이제 전라도 말 좀 쓰지 마시오
조주 선사가 휘두르는 枋에
귀싸대기를 얻어맞는다.

영산강 물마시고
영산강 흙바닥 밟고 자란 놈이
한강 수돗물에
서울 아스팔트 밟고 다닌다고
어디, 그 바탕을 쉽게 잊어버리겠는가.

한양 온지 이십여 년 흘렀다고
한양 말을 쓰라고 하는데
한양에서 사투리 쓰는 놈이 나만이 아니고
전라도 말만이 사투리가 아닐진대
경상도 목소리는
텔레비전에서도 구수한 것으로 인기 있고
늘어진 충청도 목소리는 양반목소리
우째, 전라도 말만 천한 사투리인가.

문혜관

1976년 해남 대흥사 입산.
1990년 「시조문학」으로 등단.
현) 계간 「불교문예」발행인.
서대문문협 부회장
시집 : 「번뇌 그리고 꽃」.

시조

겨울 밤바다

신순예

그 어느 빙산이 쏟아져 내린
갈기 세운 흰 포말 떼가
저 어둠의 능선을 넘어
방파제를 삼킬 듯 달려든다.

채찍에 익숙한 해안선
그 흔한 낭만은 어디에 숨었는지
거대한 짐승이 함몰된
침전 속 고요이더냐.

비릿한 바람이 감도는 목선
밧줄에 묶인 채 잠이나 오랴
찢어진 그물 망 던져진 채로
뱃전은 그래도 꿈을 꾸겠지.

구름 골

허공에 매달린
구름 골 주막엔
먼지가 없어 참 좋겠다

주모는 손님이 심심할까 봐
언제나 골짜기에
구름꽃 피운다.

잠시도 그 자리에
머물 수 없는 구름 골
바람은 구름수레 끌고
어디론가 또 떠난다.

질곡의 낭떠러지
분노의 폭우로 때리고
흙을 적시는 이슬비도 흘린다.

시조

꿀벌들의 유랑

꽃술을 찾아가는
유목민의 유랑이다
부나비 혼불 닮아
날아드는 화사한 무대
꽃마다 간주곡 틀어 놓고
그네 차는 곡예사.

실오리 촘촘하게
짜고 있는 밀납 비단
꽃향기 발목 잡힌
꽃 놀음 한평생은
감춰진 방직 공터에
차 오르는 밀어의 강.

노랑 붓꽃

황초롱 내리 올려
창공을 바라 본다

어디까지 올라가야
그대를 마주할까

꿈길은
멀기도 해라
구름 카페 문전은.

붓꽃에 노랑 물감
빼꼼이 내밀고서
직립의 화살촉들
수많이 준비한다.

활시위
당기면 날으리
노랑나비 왈스춤.

시조

바람여울묵의 노송

바람이 머무는 곳
늘 시린 발목이었지
여울묵 휘돌아서 흐르는 것 세월뿐이랴
균열된 아픔의 깊이
다독이며 살더라.

허공을 향한 고개
한 점 구름 정이었지
푸르름 사철의 맥 늙은 가지 잎새뿐이랴
도타운 표피의 가슴
나이테만 감더라

세상 밖 드리는 소리
귀를 막고 지탱하지
호젓한 숲의 여백 올곧은 적막뿐이랴
천년도 한 순간인 양
솔향 품고 웃더라.

신순예
한국문인협회 회원
불교문인협회 이사
서대문문인협회 자문위원

꽃비

새벽기도 · 2284

이영지

하루에 비가 세 번 왔다가 햇빛 났다
해빛이 비치는데도 가는비 내리는 거
햇살이 활짝 피는데 사알사알 꽃비다

꽃비는 꽃이 아닌 내리는 꽃모양비
햇빛이 숨 쉴 사이 없이도 꽃모양비
햇빛에 비가 꽃이 된 그야말로 꽃비다

이랑
새벽기도 · 2338

고랑에
가득가득
꿈이랑 봄순이랑
꿈이랑 고랑이랑
꿈이랑 물이랑이
논에도
꿈이랑이랑
그대이랑 꿈이랑

꿈이랑
풀잎이랑
순이랑 당신이랑
나날이 그림이랑
자라는 논둑이랑
밭이랑
파아란이랑
당신이랑
꿈이랑

이슬

새벽기도 · 1738

꽃잎과 꽃잎이슬
어깨를 살짝 대어
소곤소곤 웃어대면
그 사이 이끼 낀거
또르르 또르또르르
포옹다앙
떨어져

이영지

시조「시조문학」(1979)등단 . 시「창조문학」(1997)등단
문학박사(명지대학교), 철학박사(서울기독대학교)
한국창조문학대상, 추강시조문학상
저서 : 『한국시조문학론』『시조창작 리듬 론』『시조 문예미학』외 5권
시조집 : 『하오의 벨소리』『일곱금촛대 위의 행복』『행복 보라』 외 다수

동화

펭귄아, 뭘 먹니?

김선태

"애, 깡순아! 나 이제부터 너에게 물을 것이 많을텐데 괜찮겠니?"
"예? 무얼 그리 많이 물으시려고요?"
깡순이는 김동주 연구원을 빤히 바라보면서 의아한 표정으로 묻습니다.

김동주 연구원은 이곳 남극세종기지에서 생물학에 관한 연구를 하기 위해 파견된 분이십니다. 그는 이곳에서 바닷속의 생물들에 관한 연구를 하고 있습니다. 이곳 연구원중에서는 비교적 짧은 기간인 약 2개월 정도 우리나라에서는 가장 추운 기간인 1~2월 동안이 이곳은 여름이므로 남극지방의 해양생물들에 관한 것을 연구하기 위해 이곳에 온 연구원이기 때문입니다. 여름동안 이곳은 비교적 날씨가 따뜻하여서 영하 30도 안팎의 온도가 유지되기 때문에 상당히 많은 빙하가 녹아내리기도 하고, 많은 동물들이 번식을 위해 모여들기도 하기 때문에 생물학적인 연구, 특히 해양생물학을 연구하는데는 가장 좋은 계절이기 때문입니다.

며칠전에 김동주 연구원은 35m의 강풍을 맞으면서 바닷가의 생물들을 관찰하기 위해 바닷가 언덕을 찾았습니다. 그런데 너무 바람이 거세어서 자칫 잘못하면 바람이 떠밀려 바닷물에 떨어질 것 같아서 잔뜩 움추리고 가다가 깡순이와 긴끈이 부부를 만나게 되었습니다.

너무 거세게 부는 바람이 원망스러워서 투덜거리며 걷고 있는데 누군가가 말을 걸어 왔습니다.

"여기 앉아 보세요. 여긴 바람이 거의 안 불어요."

"뭐라고? 바람이 안 분다고? 그런 말이 어딨어? 이렇게 거센 바람이 부는데?"

김연구원아저씨는 두리번거리면서 누가 그런 이야기를 하는지 찾아보았습니다.

"에이, 나 보다 훨씬 더 커다란 몸체를 가졌는데 이런 정도의 바람이 무어 그리 세다고 그래요. 우린 이런 바람은 보통인데요. 뭐."

김연구원아저씨가 두리번거리자 깡순이가 고개를 들어서 빤히 김연구원아저씨를 바라보면서

"저 여기예요. 뭐가 그리 추우세요?"

김연구원아저씨는 깡순이의 말에 깜짝 놀라서 가만히 다가앉으며 물었습니다.

"네가 지금 이야기한 거냐? 내 말을 알아들을 수 있었어?"

"그럼요. 알아들었으니까 대꾸를 했지요."

"어어! 이거 정말이네? 야! 반갑다. 여기서 이런 친구를 만나다니? 우리 악수 할까?"

하고 김연구원 아저씨가 오른 손을 내밀자 깡순이도 오른쪽 날개를 내밀어서 악수를 해주었습니다.

"난 대한민국이란 나라에서 온 사람이야. 여기 와서 살면서 너무 외롭고 답답했는데 우리 친구할까?"

"물론이죠. 난 이미 친구를 하기로 마음 먹고 말을 걸었는데요."

"아, 아! 그랬구나. 정말 반가워 가끔 찾아오기도 하지만, 우리 연구소로 초대를 해도 되겠니?"

"그래요. 나도 그곳을 구경해보고 싶었거든요. 한 번 구경 시켜 주세요. 꼭 요."

이런 이야기를 하면서 얼마나 반가웠는지 모릅니다.

이렇게 사귀게 된 깡순이 내외를 김동주 연구원은 자신의 연구실로 초대하였습니다.

"우선 여기 와서 보니 펭귄이라고 해도 여러 가지 모양이 있던데 몇 가지나 되는 거니?"

"글쎄요? 지금 우리가 사는 이곳 킹조지 섬 부근에 사는 종류만도 열 가지가 넘는데요. 엄청나게 큰 황제펭귄, 젠투펭귄, 쇠푸른펭귄, 마젤란펭귄, 노란눈펭귄, 왕관펭귄 등이 있어요."

"그런 너희들은 무슨 펭귄이라고 하니?"

"우린 젠투펭귄 중에서 이렇게 멋진 머플러를 가지고 있어서 턱끈펭귄이라고 불러요."

"아! 그렇구나. 우린 너희들을 진스트랩(띠끈)펭귄이라고 부르고 있었는데……"

"그래요. 사람들이 그렇게 부르고 있다고 하는데, 우리는 턱끈이라고 부르지 띠끈이라고 부르지는 않거든요."

깡순이가 나서서 모두 대답을 하고, 남편인 띠끈이는 작은 몸체를 똑바로 세워서 무슨이야기들을 하는지 알아보려는 듯 이쪽 저쪽 말하는 쪽을 바라보느라고 고개만 이리저리 움직이고 서 있습니다. 아무리 보아도 깡순이의 2/3정도 밖에 안 되는 남편 띠끈이는 무엇이든지 깡순이가 하자는 데로만 하는 것 같았습니다. 그러므로 김동주 연구원도 주로 깡순이와 말을 주고받았고, 띠끈이는 그저 지켜보기만 하는 편이었습니다. 그럴 수밖에 없는 것은 펭귄들은 수컷의 몸이 암컷들보다 훨씬 작은데다가, 숫자도 적어서 힘센 암컷이 다른 암컷들과 싸워서 이겨야 수컷인 남편을 차지할 수가 있기 때문에 암컷이 하자는 대로 해야 되는 것입니다.

"그럼 너희들은 물속에서 얼마나 오랜 시간을 보내고 있는 것이니?"

"글쎄요. 우린 시간을 재어보지는 않아서 잘은 모르지만, 아마도 반은 물속에서, 반은 언덕에 올라와서 땅위에서 보낼 거예요."

"물속에 들어가서는 무엇을 하는데 그렇게 오래 물속에 있는 거야?"

"주로 먹이를 잡기 위해서 물속에 있는 거죠. 먹이가 풍부하다고는 하지만 이 추운 날씨 때문에 많이 먹어야하니까요. 물속의 돌말도 먹어야 하고요."

"날씨가 추우니까 많이 먹어야 한다고?"

"그럼요. 우리는 체온을 유지하기 위해서는 많은 지방이 필요하죠. 지방이 많으면 추위를 잘 견딜 수 있거든요. 뚱뚱한 사람이 추위를 모르지 않아요?"

"으응, 그래 그렇구나. 내 친구중에 돼지란 별명을 가진 친구가 있는데 추운줄 모르더구나."

"그렇죠? 피부 밑에 지방이 쌓여서 두꺼운 털옷마냥 추위를 막아주거든요."

"아, 그렇구나. 그럼 주로 무얼 먹어야 추위를 더 잘 견딜 수 있는 거니?"

끝없이 이어지는 질문에 깡순이는 거침없이 답변을 해주고 있습니다. 그 동안에 긴끈이는 여기저기 방안을 둘러보면서 시간을 보내고 있습니다. 이제 자기가 할 일도 없으면서 기다리기가 지루하다는 모습이었습니다.

한 동안의 이야기가 끝나자 김동주 연구원은 깡순이에게 조국에서 가져온 선물이라고 하면서 꽁치통조림을 선물하였습니다. 깡순이는 맛을 보더니 잔뜩 찌푸린 얼굴로 고개를 가로 저으면서

"선물은 감사하지만 내 입맛에는 맞지 않아요. 저기 바다에서 잡아먹는 싱싱한 오징어가 가장 맛이 좋지요."

하였습니다. 그래서 김연구원은 두 부부펭귄을 바닷가까지 마중하여 보내주었습니다.

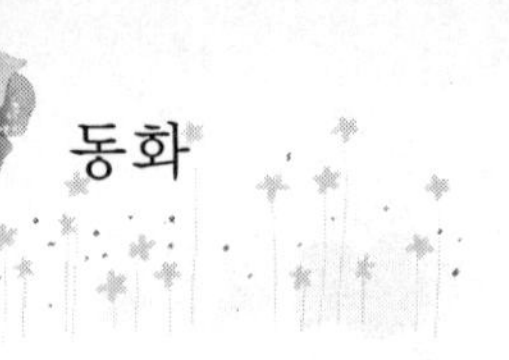

처음 만났던 언덕밑의 둥지에 가니 벌써 다른 펭귄이 차지하고 있었지만, 깡순이가 덤벼들자 얼른 꽁지가 빠지라고 달아나 버렸습니다. 이 모습을 본 김연구원은 안심이 되어서 다시 기지로 돌아 왔습니다.

김연구원은 밤을 새워서 깡순이와의 이야기를 정리하였습니다. 그리고 직접 조사를 하여야할 것들을 정리하여서 조사 계획을 세웠습니다.

김동주 연구원은 필요할 때마다 깡순이부부를 불러서 이것저것 물어보고 많은 자료를 얻었습니다. 그 중에서도 이 추운 날씨에도 얼어죽지 않고 잘 살 수 있는 이유를 밝혀 보려는 김연구원을 도와서 깡순이는 먹어서 소화시킨 먹이를 토해서 조사할 수 있게 보여주었습니다.

이런 귀중한 재료들을 구하려면 살아있는 펭귄들을 몇 십 마리 잡아서 배를 가르지 않고서는 구할 수 없는 것이었지만, 김연구원에게는 자신이 가지고 있는 모든 것을 다 알려주려는 깡순이가 있기 때문에 쉽게 얻을 수가 있었습니다.

깡순이가 세 번째 연구실 방문을 마치고 돌아간 날 밤이었습니다. 김동주 연구원은 깡순이가 뱉어놓은 반쯤 소화가 된 먹이들을 현미경을 통해서 관찰을 하면서 사진으로 확인을 하고 있었습니다. 그러다가 김연구원은 평소에 보지 못하였던 이상한 물질을 발견하였습니다. 깡순이가 뱉어 놓은 먹이 중에서 크릴새우의 살과 작은 물고기와 오징어 종류들을 확인하다가 아주 눈에 잘 띄지 않는 아주 작은 물속 조류(이끼 종류)를 발견한 것입니다. 사진을 찍고 조사를 하여 보니 이것은 피라미모나스라고 불리는 아주 작은 미세 조류(이 돌말은 규소 성분이 딱딱한 껍데기로 몸을 무장한 단세포 생물. 길이가 머리카락 지름보다 짧은 50㎛(1마이크로미터㎛는 100만분의 1미터) 밖에 안 되는 것이었다.

'아 이것이 무엇이며, 왜 이걸 먹었을까? 그리고 어떤 역할을 하는 것일까?'

김동주 연구원은 지금까지 볼 수 없던 새로운 물질을 발견하자 온통 의문 투성이인 미세조류 미라미모나스에 흠뻑 빠져서 온종일 이것을 관찰하고 살피면서 온갖 실험을 계속하였습니다. 다른 것들은 이미 알려진 것들이니까 이 새로운 물질인 미라미모나스에 무슨 비밀이 숨겨져 있을 것만 같았기 때문입니다.

김동주 연구원은 피라미모나스를 따로 모아서 비커에 담아두고 길러가면서 여러 가지 실험을 하여 보기로 하였습니다. 우선 이 작은 물이끼 종류를 따로 분리하여서 더 많은 수가 되도록 길러내어야 합니다. 밤이 늦도록 연구를 하던 연구원은 불을 끄고 잠자리에 들었습니다. 너무 추운 날씨이어서 커다란 침낭 속에 푹 묻혀서 잠을 청한 연구원은 아침 시간이 되어서 다른 연구원들이 수런거리는 소리에 자리에서 일어났습니다.

"어서 일어나세요. 제가 왔어요."

꿈속에서 깡순이가 문을 두들기는 소리에 잠에서 깨어났는데, 벌써 이웃 방을 쓰시는 이 기지의 책임자이신 강성호 박사님이 문을 열고 들어서시고 계셨습니다. 김동주 연구원을 얼른 자리에서 일어나면서 강박사를 향해서 고개를 숙여 인사를 하였습니다.

"아니 벌써 나오시는 겁니까? 시간이 그렇게 되었나요?"

"예, 벌써 9시가 넘었어요. 엊저녁에 밤을 세운 모양이군요. 좀 더 쉬어도 좋아요."

하고 친절하게 대해주었지만, 김동주 연구원은 윗사람이 벌써 나왔는데 누워있을 수는 없었습니다. 김연구원은 얼른 침낭을 접어서 자기 사물함에 밀어 넣으면서 엊저녁에 다 치우지도 못하고 잠자리에 들었던 책상위를 바라보았습니다. 다른 날 같으면 비커의 물이 얼어 붙어서 깨어지기도 하는 방안인데 엊저녁에 피라미모나스의 작은 이끼들을 모아둔 비커는 얼지도 않고 물이 찰랑거리고 있는 것이 아닙니까?

"어어? 이게 어찌된 일이지? 내가 잠자는 시간이 짧아서 그런 것인가?"

혼잣말을 하면서 비커로 다가가서 비커를 흔들어 보았습니다. 분명히

물은 얼지 않은 채 찰랑거리고 있었습니다. 김연구원은 너무 이상한 광경에 놀라서 소리쳤습니다.

"소장님, 아니 강박사님. 이거 좀 보세요."

밑도 끝도 없이 소리를 지르는 김동주 연구원의 소리에 강박사는 김연구원의 방으로 돌아 왔습니다.

"어젯밤에 담아둔 물이 얼지 않고 그대로 있습니다. 이것 좀 보셔요."

김연구원의 말에 강박사는 빙긋이 웃으면서

"어디 차근차근 이야기 해보세요. 무슨일이 일어났는지요. 그리 급할 이유가 없지 않습니까?"

하자 김동주 연구원은 뒤통수를 긁적거리면서 차근차근 설명을 하였습니다.

"엊저녁 깡순이가 뱉어놓은 소화된 먹이 속에서 눈에 잘 띄지 않는 아주 작은 균조를 발견하였습니다. 피라미모나스라고 부르는 것으로 별로 알려지지 않은 종입니다. 그렇다고 특별할 것도 없는 작은 조류이어서 엊저녁에 따로 분리하여서 연구해볼 가치가 있지 않을까 생각하여서 이 비커에 모아 놓고 잠이 들었습니다. 그런데 지금 보니까 다른 물들은 다 얼어 붙었는데 이 비커의 물만은 얼어붙지 않고 이렇게 흔들릴 수 있을 정도로 말짱합니다. 혹시 얼지 않은 물질을 갖고 있는 것은 아닐까요? 이 작은 조류가 말입니다."

"그래요? 그럼 그 쪽으로 연구 방향을 잡아서 한 번 도전해 보기로 할까요? 일단 좀더 살펴본 다음에 정하기로 하고 우선 아침이나 들고 정신을 가다듬어서 한 번 의논하여 봅시다. 좀 더 살펴 보기도 하구요."

이 말을 들은 김연구원은 공연히 너무 떠들었나 싶어서 겸연쩍어서 머리를 긁적이며 세면실로 들어가서 거울을 보면서 가만히 자신을 들여다 봅니다.

'이 사람아 좀 더 정리를 하여서 보고하여야지! 눈에 보이는대로 보고를 하면 어쩌자는 거야.'

하고 혼잣소리를 하였습니다. 강박사도 자기 방으로 돌아와서

'이곳에 있으면 너무 황막한 환경 때문에 연구원들의 정신이 이상할 정도로 심각한 스트레스를 받는 곳인데 혹시 김연구원이 너무 힘든 것은 아닐까? 이제 겨우 한달도 안 되었는데.....?'

하면서 골똘히 생각에 잠겼습니다. 사실 이곳에 와서 너무 심한 스트레스 때문에 2개월을 다 채우지 못할 정도로 악화 되어서 돌아가지 않으면 안 되는 경우도 있었기 때문입니다. 눈에 보이는 것은 허연 눈밭이요, 문만 열면 거침없이 다가오는 바람은 문밖 출입조차 할 수 없게 막아서곤 하기 때문에 늘 연구동에 갇혀서 살아야 하는 신세이기 때문입니다.

그러나 김동주 연구원은 오전 중에 자신이 했던 것을 정리하여 강박사께 보고하였습니다. 그 보고서는 조금도 틀리거나 어색한 부분이 없는 완벽한 것이었고, 분명이 비커의 물은 특별한 수수께끼를 감추고 있다는 게 분명하였습니다. 오후에 강박사는 해양생물학을 연구하는 사람은 물론 기지내에 연구원들은 몽땅 다 모아놓고 김동주 연구원의 실험 내용을 들으면서 다음 연구과제를 찾아내는 회의를 열었습니다. 이 날은 모든 연구원이 모였으므로 삼겹살 파티에 기지 안에서 수경재배로 가꾼 상추까지 듬뿍 먹을 수 있게 준비 시켰습니다.

'얼지 않은 물을 보면 이 작은 조류가 어떤 결빙방지 물질을 품고 있지 않을까?'

'얼지 않게 하는 어떤 물분자를 움직이는 물리적 힘이 가해진 것은 아닐까?'

'만약에 결빙방지물질이 들어 있다면 조류를 얼음 위에 놓아두면 얼음이 녹지 않을까?'

회의에서는 일단 이러한 생각들이 의논되기 시작하였다. 물론 우선은 이런 생각들을 정리하여서 실제로 실험을 통해서 밝혀야 하는 것이지만, 여러사람들의 의견을 들어 보면 그만큼 많은 생각들을 들을 수 있을 것입니다.

이런 생각들은 한 시간이 넘게 서로 의견을 내고 서로 토론을 벌이면서 한 두가지 연구 과제를 정하여 추진하기로 하였습니다. 의견이 모아지고 과제가 정해지자 김연구원은 깡순이를 불러서 이 작은 조류를 어디서 얻었는지를 물었습니다.

깡순이는

"지난번에 말씀 드렸는데요. 돌말을 꼭 먹어야 한다고."

하며 의아해 하였습니다. 김동주 연구원은 지난번 대화했던 녹음을 다시 돌려 보았습니다. 거기에는 분명하게

"추운 날씨 때문에 많이 먹어야하니까요. 물속의 돌말도 먹어야 하고요."

라는 말이 들어 있는 것이었습니다. 그런데 이 말을 그냥 넘겨 버린 것이 큰 실수이었습니다.

'그 때에 돌 이끼는 왜 먹어야 하는지를 물어 보았어야 하는데 왜 그걸 놓쳤을까?'

김연구원은 머리를 긁적이며 이제 다시 물었습니다.

"돌말을 먹어야 하는 이유를 좀더 자세히 말해 줄 수 있겠니? 그리고 그 돌말을 어디가면 쉽게 구할 수 있는지도 좀 알려주고..."

하고 간절히 비는 모습을 보이자

"차암, 아저씨도 그까짓게 뭐 그리 중요하다고 안 가르쳐 드려요. 우리는 추운 곳에서 살기 때문에 이 돌말을 먹어야 해요. 이 돌말을 먹으면 잘 얼지 않게 되거든요. 만약에 돌말을 완전히 먹지 않는다면 우리는 얼어 죽게 될지도 모르지요. 그래서 깊은 바닷속의 바위에 붙어사는 돌말을 먹기 위해서 잠수를 하여 들어가곤 하지요. 그걸 쉽게 구할 수 있는 바위가 있는 곳이 우리들의 삶터가 되는 까닭이 바로 그 돌말 때문이지요."

하고 이 연구에 가장 중요한 아이디어가 되어 줄 이야기를 모두 해주는 것이었습니다. 김연구원은 이제 펭귄들이 모여 사는 곳을 찾아가기

만 하면 된다는 것을 깨달았습니다. 바로 그곳에 가면 펭귄들이 주로 먹는 먹이는 물론 이 연구의 핵심이 되는 돌말도 마음대로 구할 수 있다는 것을 깡순이가 모두 알려주었기 때문입니다.

세종기지에서는 곧장 펭귄들이 모여사는 바닷가에 가서 바닷속 바위 위에 붙어사는 이 돌말을 긁어 모아서 비커에 담고 현미경으로 들여다보고, 밤에 밖에 내어 놓아 어는지 확인을 하기도 하고 전자현미경으로 돌말을 분해 해보기도 하고 돌말의 분비물이 있는지 그것을 찾아 따로 모으기도 하는 등 꾸준한 연구가 계속 되었습니다.

이렇게 돌말에 관한 연구를 하는 동안에 이 돌말이 얼지 않게 하는 물질을 내놓는다는 사실을 발견하였습니다. 일단 이 물질에 대한 것을 정확하게 밝혀 내어야 하는 것입니다.

이 돌말은 피라미모나스라는 돌말 종류 중의 하나로 결빙방지 물질(얼음이 얼지 않게 하는 물질)을 만들어 내는 특별한 능력을 가진 것이었습니다.

"김동주 연구원! 정말 수고 하였어요. 축하합니다. 신물질의 발견으로 우리 연구소에서 이제 멋진 연구 성과를 얻게 되었어요."

강성호박사는 김동주 연구원의 연구에 힘을 실어 주었습니다. 신물질의 발견에 그치지 않고 이 물질을 더 많이 생산하는 방법이나 대량으로 만들어서 이용하는 방법과 더욱 이용가치를 높이는 방법을 연구해야 하였습니다. 다시 말해서 이런 물질을 우리 생활에 어떻게 이용할 것인가에 대해서도 연구를 하여야 하였습니다.

연구원이 찾아낸 돌말에 관한 성과를 요약하면

[결빙방지 활성을 가지는 피라미모나스 속(Pyramimonas genus) 극지 미세조류에 관한 것으로, 본 미세조류는 결빙방지 물질을 생산, 분비하여 결빙을 방지하는 활성을 가지므로 그 배양액을 결빙방지용 첨가제로 사용할 수 있는 유용한 균주이다.]라 하였습니다.

그렇다면 이런 물질이 우리 생활에 어떻게 쓰일 것인지에 대해 더 많

은 방법을 찾아 보기로 하였습니다.

우선 인간에게 필요한 것들을 찾아 보았습니다. 가장 먼저 인간의 생명을 살리는데 없어서는 안 될 혈액을 보관하는데 이 기술을 활용해야 한다고 생각하였습니다. 왜냐하면 지금 사용하는 방법은 혈액을 냉동보관하는데 이렇게 냉동 시켜버린 혈액을 다시 녹이는 과정에서

혈액은 상당한 스트레스를 받게 됩니다. 강제로 얼렸기 때문에 얼음 결정이 세포내 주요 기관을 파괴하기 때문입니다. 그렇지만 이 새로운 결빙방지 물질을 이용하면 얼거나 녹을 때 얼음이 뭉치고 커져 세포를 죽이는 것을 막아주게 됩니다. 그러므로 이러한 원리를 잘 활용하면 살아 있는 세포나 생물을 얼려서 보존할 수도 있게 됩니다.

그래서 이런 물질은 혈액의 보관은 물론 장기 이식을 위한 장기의 냉동보관을 할 수 있게 될 것입니다. 또 이렇게 장기가 오랜 시간 보관을 해도 조금도 상하지 않고 다시 살아날 수 있게 되면 바로 냉동인간을 실제로 볼 수 있게 될 것입니다.

이러한 연구 성과는 높이 평가되어서 언론에서는 아주 특별한 연구로 크게 환영을 받았습니다. 어느 언론에서 발표한 것을 보면

[한국해양연구원 부설 극지연구소의 강성호 박사 연구팀은 25일 남극의 해빙 속에 사는 호랭성 돌말이 강력한 결빙방지물질(단백질)을 분비한다는 점을 밝혀 저온생물학회지(CRYOLETTERS) 최근호에 논문을 게재했다고 밝혔다.]고 하면서 연구내용을 다음과 같이 소개 하였습니다.

[최근 한국 연구진이 혈액을 효율적으로 냉동 보관할 수 있는 신 물질을 찾아냈다. 화제의 주인공은 남극산 미세조류(algae)인 '호냉성' 돌말이다. 돌말은 규소 성분이 딱딱한 껍데기로 몸을 무장한 단세포 생물. 길이가 머리카락 지름보다 짧은 50㎛(1마이크로미터㎛는 100만분의 1미터)다.

연구팀은 남극의 겨울(6~9월)에 바다가 얼기 시작할때 다른 조류들은 얼어 죽는데 유독 호랭성 돌말은 여름(11월~2월)까지 살아남는 점에

주목했다. 조사 결과 이 돌말은 주변 얼음에 결빙방지물질은 분지하고 그 보호막 안에서 '아늑하게' 겨울을 나고 있었다.

강박사는 "이 물질은 기존의 혈액냉동물질보다 기능이 훨씬 뛰어나다"고 말했다.

보통 혈액을 보관할 때 영하 196도까지 온도를 떨어뜨린다. 이때 세포 안의 수분이 얼음결정을 이루지 못하도록 글리세롤을 투여한다. 그런데 글리세롤에 돌말의 결빙방지 물질을 첨가하자 혈액세포를 얼리고 녹일 때 온전히 보존되는 비율이 95%나 증가했다.

강박사는 "그동안 남극산 물고기의 피에서 천연 결빙방지 물질을 찾은 적은 있었지만 조류에서 발견하기는 처음"이라며 "물고기는 수가 한정돼 있어 추출물 1g이 1200만원에 이른다."고 말했다. 이에 비해 돌말은 세포 하나로 이뤄져 있어 얼마든지 배양이 가능해 훨씬 싸게 결빙방지물질을 얻을 수 있다.

강박사는 "이번에 발견한 물질은 혈액뿐 아니라 정자 난자 배아 제대혈 등 냉동이 필요한 생식의학 분야에도 폭넓게 적용될 수 있다"며 "해양수산부 극지생물활용연구 사업의 지원으로 연구를 확대해 다양한 특성의 신물질을 개발할 예정"이라고 밝혔다.]

이렇게 멋진 연구를 하게 된 것은 깡순이들 덕분에 바닷속의 바위에 붙어사는 조류를 쉽게 많이 얻을 수 있었고 연구는 순조롭게 진행이 되었기 때문입니다.

김동주 연구원은 이제 남은 며칠 동안에 연구 결과를 정리하고 이곳에서의 생활을 마칠 준비를 서둘렀습니다. 무엇보다 자신의 연구에 큰 도움을 준 깡순이와의 이별이 걱정이었습니다.

떠날 준비를 갖춘 김동주 연구원이 떠날 날이 다가오자, 우리나라에서 개발한 쇄빙선(얼음을 깨면서 달릴 수 있는 배) 아라온호가 남극기지를 찾아 왔습니다. 김동주 연구원은 강박사님께 허락을 받고 이번 연구

의 숨은 공로자의 자격으로 깡순이 내외를 아라온호로 초대하여서 우리나라 기술을 자랑하기로 하였습니다.

아라온호에 오른 깡순이는 멀리 바라다 보이는 남극대륙의 눈덮인 산과 벌판을 바라보면서 소리쳤습니다.

"와! 우리가 사는 땅의 모양이 이렇게 생겼구나! 저렇게 높은 산도 있고, 너른 들판도 보이네. 우린 늘 언덕에서 바닷물 속만 바라보며 살았는데, 김아저씨 덕분에 이런 세상을 보게 되어서 정말 기뻐요. 아저씨!"

하면서 너무 좋아서 그 짧은 다리로 껑충껑충 뛰기까지 하였습니다.

이렇게 준비를 마친 김동주 연구원은 3월1일 오전 9시에 우리 세종기지를 떠나는 아라온호를 타고 남극대륙에서 그리운 대한민국을 향해 신나고 힘찬 뱃고동을 울리며 떠났습니다.

남극의 차가운 바람이 몰아쳐서 뱃전에 서서 기지에서 생활하던 친구들과 작별의 인사를 나눌 수 조차 없을 지경이었습니다.

그래도 김동주 연구원은 이번 연구를 도와준 고마운 펭귄 깡순이를 위해서 펭귄들이 모여 있는 바닷가 언덕을 향해서 활짝 벌린 팔을 들어서 힘차게 작별의 인사를 하였습니다.

다리가 튼튼해야!

김선태

"어이, 종아리 힘들겠구나? 어쩌지? 넌 늘 그런 신세니 어쩔 수 없잖니?"

"야! 이래 뵈도 나는 제2의 심장이란 말이야! 너무 무시 하지마라!"

"흥, 웃기고 있네. 아무리 그래 봐야 넌 늘 우리를 떠안고 살아야하는 신세란 말이야! 나처럼 아름다운 꽃을 만져볼 수도 없고, 정다운 사람과 손을 마주 잡고 즐거워 할 수도 없는 처지잖아."

"물론 그렇지. 그렇지만 나는 내 나름의 일이 있잖아. 그걸 못하면 너도 네 노릇을 못하는 거야."

"네가 없다고 왜 내가 내 할 일을 못하니? 웃기지 마라."

"'종아리가 가늘면 심장병 위험' 이란 오늘 신문 기사도 못 보았니? 종아리가 굵고 튼튼해야 오래 살 수 있다지 않아."

"종아리? 그래 많이 굵어져라. 그럼 보기만 싫지 그게 사람 꼴이냐?"

"그래 넌 날씬 한 거만 찾아라. 난 건강하게 사는게 더 좋다고 생각하니까."

"아무리 건강에 좋다고 울퉁불퉁 퉁퉁한 종아리를 어떻게 달고 다니냐? 웃겨도 너무 웃긴다 너!"

"웃긴다고 하니 할 수는 없지. 네가 나를 바로 알고 고마움을 느낄 때까지는 그냥 네 마음대로 생각하려므나. 누가 뭐래나 뭐. 제 멋대로 생각하는 사람은 누가 말리니?"

"뭐? 마음대로 생각해? 제멋대로 생각 한다구? 그래 나 못된 놈이야! 어쩔래?"

"제발 싸우려고 하지마. 난 너하고 싸울 이유가 없어. 늘 네가 날 놀리고 있으면서 왜 그래? 언제 내가 널 놀린 적이 있었니?"

"뭐라구? 내가 싸움을 걸었다구?"

"그래. 지금도 네가 날 먼저 놀리기 시작했잖아. 그래도 내가 너에게 성질이라도 냈니? 그러지도 않았잖아. 그런데 왜 그러냐구."

오늘만 있었던 일이 아니었다. 이미 몇 달 동안이나 거의 매일 이렇게 아웅다웅하는 것에 질린 이웃들이 이젠 아예 상대조차 하지 않으려 할 지경이었다. 우리 모두는 우리 주인님의 덕분에 튼실한 힘줄을 자랑할 만큼 튼튼하고 아름다운 모습을 지니고 있다.

날마다 운동을 하지 않으면 큰일이라도 날 것처럼 생각한 주인은 아침마다 무거운 아령을 들고 배를 두들기며 뒷걸음질로 달리기를 한다. 맨발로 뛰기 때문에 발바닥은 울퉁불퉁한 아스팔트 바닥을 밟고 지나다니면서 아주 딱딱하게 굳어져서 이제는 발바닥에 돌멩이가 밟히거나 하지 않으면 별로 아픈 줄도 모르고 달리기를 할 수 있게까지 되었다. 물론 추운 겨울철에는 너무 추워서 발바닥을 다칠까봐 그렇게 뛸 수가 없어서 봄철이 되어서 4~5월 쯤이나 되면 이렇게 맨발로 뛰는 운동을 시작하지만, 그렇게 처음 시작할 때는 발바닥이 아파서 요간 조심스럽기만 하다. 그렇지만 이렇게 몇 달을 계속하는 동안에 발바닥은 이제 아주 튼튼한 가죽 아니 운동화 바닥처럼 다져져 버렸다.

이렇게 발바닥이 다져지도록 열심히 다리 운동을 하기 때문에 종아리는 근육이 마치 서어나무의 줄기처럼 가만히 서 있어도 울퉁불퉁하게 근육이 튀어 나올 만큼 잘 단련이 되어 있다. 이런 튼실한 종아리를 늘 놀리고 있는 것은 역시 울퉁불퉁한 근육을 자랑하며 알통이 불끈 솟아오르는 팔을 가진 손이 늘 이렇게 놀리고 있는 것이다. 팔이나 손은 다른 사람들의 눈에 띄는 곳이고 다른 사람과 손을 마주 잡고 친밀함을 나누기도 하고, 좋은 것을 만지거나 맛있는 음식을 집어먹기도 하고 아주 정밀한 것을 기구를 통해서 조작을 하기도 하는 중요한 일을 하는 것은 틀림이 없다. 그래서 다른 친구들은 늘 그런 손을 부러워하기도 하지만, 오늘처럼 저렇게 다른 친구들을 놀리거나 짓궂게 장난을 걸어서 미움을 받는 일이 허다한 것이 흠이었다. 혼자만 잘난 척을 하는 친구를 좋아할 친구는 없는 일이라는 것을 모르는 손의 자만심 때문에 늘 미움을 사고 있는 것이다.

한바탕 소란을 피우던 종아리와 손이 조용해지고, 다들 이제는 좀 가만히 있나 보다 하고 있을 때에 모기 한 마리가 '애엥' 소리를 내며 다가오더니 종아리에 앉아서 그 뾰족한 침을 코옥 찔러 넣자마자 피를 빨기 시작하였다. 홀쭉하던 모기의 배가 벌써 빨간 피가 흘러들어가면서 점점 부풀어 오르기 시작하였다.

"아얏! 모기가 피를 빨고 있어 빨리 도와줘!"

종아리가 잔뜩 찡그리면서 소릴 지르자, 손이 따악 모기를 보기 좋게 때려잡았다.

"어머, 이 피 좀 봐."

눈이 얼른 종아리를 보고 소릴 지른다. 모두들 종아리를 위로하듯이

"아프겠다."

"엄청 가려울텐데...."

하며 우리를 해주자 종아리는 고마움에 눈물이 다 글썽거린다.

"다들 걱정해 주어서 가려운 것도 참을 수 있을 거야."

하며 의젓한 모습을 보인다. 그렇지만 가려움증을 참을 수가 없어 하는 것을 보고 손이 박박 긁어 주었다.

"고마워 손아. 역시 넌 별 일을 다 할 수가 있어서 좋겠다."

종아리가 고마워하며 부러움을 나타내었다.

그런데 오늘 아침 운동을 하다가 주인은 그만 화분에 걸려 넘어지면서 다를 다치고 말았다. 조금만 다친 것 같아서 그냥 다친 곳에 약을 바르고 견디려 하였지만, 다리가 점점 부풀어 오르면서 아파 견딜 수가 없었다. 병원엘 가서 X레이를 찍어보니 종아리 부근의 뼈에 금이 가서 기브스를 하지 않으면 안 된다는 것이었다. 날마다 뛰고 달리면서 운동을 하던 주인이 기브스를 하여서 다리를 붙들어 매고 누워있으니 견딜 수가 없다.

"아유 이 다리가 언제 나아서 걸어 다니나?"

주인은 한숨을 푹푹 쉬면서 안타까워한다. 그 튼튼한 종아리는 기브스 속에서 숨이 막혀서 견딜 수가 없다. 날마다 많은 것을 만지고 예쁜 꽃을 가꾸던 손도 심심해서 견딜 수가 없다. 날마다 전화기나 붙들고 텔레비전 리모컨을 누르는 일 밖에 할 일이 없으니 심심해서 견딜 수가 없다.

"에이, 늘 놀리기만 하던 종아리 네가 어서 나아야 어딜 가지?"

"그러게 말이야. 나는 더 답답해 죽겠어. 숨이 막혀!"

"그렇겠구나. 늘 놀리기만 하였는데 오늘 보니 네가 정말 장한 일을 하는 것을 이제야 알 것 같구나. 미안해."

“아니야. 이렇게 위로해주고 나를 보살펴주는 모두가 다 고마워. 어서 나도 나아서 너희들에게 보답할게.”

“그래! 제발 어서 나아라.”

모두들 종아리를 응원하였다.

김선태

한국아동문학회 회장. 노년유니온 위원장
국가부랜드위원회 문화멘토, 서대문문인협회 회장(前)
한글학회 정회원. TV건강 강사
문화해설사
前) 경기도 고양시 원중초교장

동화

돈으로 못 사는 친구

심혁창

농부가 친한 친구에게 사기를 당했습니다.

사업을 한다면서 돈을 좀 꾸어주면 일 년 뒤에 이자까지 쳐서 꼭 갚겠다고 했습니다. 그러나 농부는 친구에게 이렇게 말했습니다.

"자네와 나 사이에 그만한 것쯤 거저도 못 주면서 이자까지 받겠는가. 이자 걱정은 말고 장사 잘 해서 원금이나 돌려주게."

"고마우이, 내년 오늘 꼭 오겠네."

그렇게 하고 간 친구가 한 해가 지나고 가을이 되도록 돈을 갚지 않았습니다. 기다리다 못한 농부가 찾아갔습니다.

"친구야, 장사가 잘 되지 않는가?"

"아니야, 잘 되고 있어."

"그럼 작년 봄에 꾸어간 돈 갚아야지. 잊었나?"

"뭐라고? 내가 돈을 꾸어갔다고? 언제?"

"잊은 거로군. 작년 봄에 장사할 밑천을 하겠다고 삼천만 원을 꾸어가지 않았나?"

"이게 무슨 소리야? 내가 왜 자네한테 돈을 꾼단 말인가?"

농부는 기가 막혔습니다.

"자네 농담하는 거 아니지?"

"농담이라니, 내 밥 먹고 내가 살면서 할 짓이 없어서 그런 농담을 하겠나?"

"잘 생각해 봐. 내가 소 판 돈 몽땅 자네한테 꾸어주지 않았나?"

"허허, 이 사람, 사람 잡을 소리를 하네. 내가 언제 돈을 꾸었다는 거야? 그럼 내가 써준 차용증이라도 있나?"

"친구 사이에 그런 것이 무슨 필요가 있다고 그런 걸 받나?"

"난 돈 꾼 적 없어, 정히 그러려면 영수증이나 차용증을 가지고 와."

"정말 이럴 수가 있는 건가?"

"아무리 친한 사이라도 영수증 없이 누가 그렇게 큰돈을 꾸어준단 말인가? 남 장사하는데 와서 김빠지는 소리 말고 돌아가게."

"뭐야? 김빠지는 소리? 네가 사람이냐?"

"허허, 내가 사람이 아니면 개냐?"

"이런 개만도 못한 놈. 당장 내 돈 내 놔."

"근거도 없이 꾸어준 돈을 달라다니 너 미친 것 아니냐?"

"이 놈이 정말!"

화가 치민 농부가 장사하는 친구의 뺨을 때렸습니다. 맞은 친구가 더 펄펄 뛰면서 경찰을 불렀습니다. 경찰서에 간 농부는 폭행죄로 입건되고 경찰은 농부를 바보 취급했습니다.

"이 양반아, 지금 세상이 어떤 세상인데 그렇게 큰돈을 빌려주면서 영수증도 안 받는단 말이오."

"친구 좋다는 게 뭐요?"

"돈은 부자간에도 영수증이나 차용증을 쓰고 주고받는 세상에서 친구라는 걸 그렇게 믿을 수 있소?"

"내가 그런 사람인 줄 알았으면 영수증을 받아도 안 꾸어주었을 것이오."

"어쨌든 장사하는 분은 안 꾸었다고 하고 영수증도 없는 당신은 꾸어 주었다고 하니 증인이라도 있소? 그러면 재판을 하시오."

농부는 억울하고 분해서 눈물을 흘리며 집으로 돌아왔습니다. 그런 사정을 아내한테도 말하지 못하고 가슴을 앓았습니다.

바보짓을 해놓고 누구한테 하소연을 해도 소용없는 일이었습니다. 이 세상사람 누구 하나 믿을 수 없다고 생각했습니다. 형제보다 믿었던 친구한테 배신을 받았으니 아무도 믿을 수가 없다고 며칠을 두고 머리를 싸매고 괴로워하는데 고개 너머 교회에서 종소리가 들려왔습니다.

종소리가 전에 없이 가슴을 울리고 알 수 없는 평안한 마음을 안겨주었습니다. 농부는 자리에서 일어나 생각했습니다.

'세상에 사람을 못 믿고 살면 누구를 믿는단 말인가. 내가 하나님을 보지는 못했지만 보이는 사람한테 속았으니 보이지 않는 하나님이라도 믿어 보자.'

농부는 교회로 갔습니다. 그리고 억울한 가슴을 달래며 교회에 가서 열심히 설교를 듣고 기도도 하고 한 해를 보냈습니다. 그리고 기도할 때마다 하나님한테 간곡히 말씀드렸습니다.

"하나님, 저는 이제 세상 사람을 못 믿습니다. 그래서 보지도 못한 하나님이 있다는 말만 믿고 이렇게 교회를 열심히 나와서 기도합니다. 그러나 하나님도 믿을 분이 아닌 듯합니다. 사람들은 저를 바보라고 할 테지만 하나님이 정말 계시다면 저의 진심을 아실 줄 압니다. 아닙니까? 저의 진심을 아신다면 당장에 배신한 제 친구한테 벼락이라도 내려 저주하여 주십시오."

아무리 기도해도 하나님은 아무 대답도 안 하셨습니다. 그 친구는 장사가 잘 되어 부자가 된다는 소문만 들려왔습니다. 아무리 빌어도 그 친구한테는 자동차 사고도 나지 않고 병도 들지 않았습니다. 집안이 망하는 꼴을 보아야 속이 시원할 것 같은데 그런 소식이 없었습니다.

또 한 해가 갔습니다. 농부는 풍년이 들어서 곡식을 많이 거두고 소도 새끼를 얼마나 잘 낳는지 통장에는 전에 빌려준 것보다 더 많은 돈이 쌓였습니다. 하는 일마다 잘 되어 땅도 한 섬지기를 더 샀습니다.

마을 사람들은 농부가 잘 되는 것을 보고 부러워했습니다.

"자네가 하나님을 믿기 시작하면서 집안이 잘 되어 가고 있어. 올해는 큰아들이 고등고시에도 합격했다면서?"

"암, 했지. 우리 아들이 검사가 되는 날 나도 할 말이 있다네."

농부는 아들이 검사가 되면 당장에 친구를 감옥에 잡아넣을 생각을 했습니다. 그러면서 하나님한테 기도는 여전히 원수가 된 친구를 용서할 수 없다고 하나님이 대신 갚아달라고 했습니다.

그런데 어느 날 꿈에 하나님을 만났습니다. 농부는 가슴에 못이 박힌 억울한 사정을 말했습니다.

"하나님, 어째서 제 기도는 들어주시지 않았습니까?"

"네가 하는 기도도 다 알고 있었고 네 억울한 사정도 다 알고 있었느니라."

"그런데도 그 친구를 가만 두시고 해마다 장사가 잘 되게 하시는 이유는 무엇입니까?"

"나는 너의 기도 중에 몇 가지는 잘 들어주었느니라. 농사 잘 되고, 소 새끼 많이 낳고 네 아들 사법고시 합격하도록 하여 주지 않았더냐."

"하나님 그러셨군요. 감사합니다. 그런데 어째서 제가 억울해 하는 친구는 가만 두십니까?"

"그 친구가 망하게 해 주는 것과 네가 하는 일이 모두 안 되게 하여 주는 것 가운데 어느 것이 더 좋으냐? 그 친구를 내가 망하게 해 버리면 네가 어떻게 되겠느냐?"

"속이 시원해서 춤을 출 것입니다."

"너는 본시 마음이 착한 사람이었는데 그 친구 때문에 악을 배우게 되었다. 동시에 너는 세상을 믿지 못하겠다는 것을 배웠고, 대신 나를 믿기

로 하였느니라. 만약 그 친구가 돈을 갚아주었더라면 너는 나를 믿지 않고 돈과 사람만 믿었을 것이 아니냐? 너는 그 친구에게 고마워 하거라. 진심으로 그 친구에게 고마워할 때 너는 더 큰 상을 받을 것이니라."

농부는 꿈을 깨고 생각에 잠겼습니다. 성경에 원수를 사랑하라고 하였는데 내 친구가 원수가 되었으니 그래도 사랑하란 말인가.

농부는 농사 잘 하고 소 잘 키우고 아들 공부 잘 한 것이 다 자기 능력이고 자식 잘 둔 때문이라고 생각해 왔으나 하나님이 자기에게 해 주신 것을 다 알고 있다는 것을 생각하니 모든 게 하나님 은혜라는 것을 깨달았습니다.

교회에 열심히 나가고 봉사하고 입으로 많은 사람을 사랑한다고 하면서도 그 친구만은 용서하기가 힘들었습니다. 그래서 기도했습니다.

"하나님, 제 돈 꾸어간 친구를 용서하기가 너무 힘이 듭니다. 하나님이 도와주시옵소서. 하나님 힘으로 그 친구를 용서하고 싶습니다."

이런 기도를 한 날 밤에 하나님이 농부를 만나주셨습니다.

"착한 농부야, 내가 너를 도와주마. 내일 그 친구네 가게로 가거라. 그리고 아무 소리 말고 그 친구 이름 한 번 부르고 그 친구의 손을 잡고 기도하거라. 할 말은 네 맘대로 하면 된다. 알겠느냐?"

다음 날 농부는 친구를 찾아갔습니다. 그리고 꿈에 하나님이 이르신 대로 이름을 부르고 마음에 내키는 대로 기도를 했습니다.

"하나님, 내 친구가 장사가 잘 되게 도와주신 은혜 감사합니다. 제가 하나님이 아니었다면 가장 친한 친구 하나를 잃을 뻔했습니다. 저는 이 친구에게 돈을 꾸어준 적이 없었습니다. 공연히 제가 돈 욕심이 나서 친구를 괴롭혔습니다. 친구는 돈으로 살 수 없다는 것을 알았습니다. 제 친구가 더욱 사업 잘 되고 아들딸들이 모두 성공하여 효도하는 행복한 모범 가정이 되도록 축복해 주시옵소서."

이렇게 기도를 하고 친구네 가게를 나와 집으로 돌아오는데 마음이 얼마나 가볍고 기쁘던지 하늘을 나는 것만 같았습니다.

그리고 며칠 뒤에 친구가 자가용을 몰고 찾아왔습니다. 그 친구는 농부 앞에 머리를 숙이고 사과했습니다.

"내가 돈 때문에 좋은 친구를 잃을 뻔했네. 내 죄를 용서하게. 꾸어간 돈 오년 동안 은행 이자 열 배로 갚아줌세. 받게나."

농부는 너무 기뻐서 원금만 받고 친구를 끌어안았습니다. 그리고 '하나님 감사합니다' 하고 말할 때 하늘이 환한 빛을 뿌리며 웃으셨습니다. 그러나 친구는 그 빛을 보지 못했습니다.

심혁창

경기 안성 출생
1975년 창작동화 〈어린공주〉 발표
1996년 [호국문예] 산문 등단
2003년 [한국아동문학] 동화로 등단
한국문예학술저작권협회 회원, 한국문인협회 홍보위원
한국아동문학회 운영위원, 한국크리스천문학가협회 부회장
풀꽃아동문학회 회원, 현) 도서출판 한글 대표

수필

수필

열두 번째 선수

강병남

매일 신기록을 갱신하는 폭염이 지속된다. 낮에는 그런대로 견뎌내지만 열대야는 참기가 쉽지 않다. 밤새 뒤척이다 잠을 설치고 나면 온몸이 나른 하기도하고 의욕마저 떨어지기 일쑤다. 그런 날이 열흘이상 계속됐으니 몸도 마음도 지치기는 매한가지다. 그나마 런던올림픽 기간이어서 우리선수들이 펼치는 명승부들을 지켜보며 아쉬워 하기도 하고 때론 선수들보다 더 흥분하기도 하면서 불면의 밤을 지겹지 않게 보냈다. 답답한 여름밤을 맞아 의외로 올림픽이 효자노릇을 한 셈이다.

하루하루 기온이 갱신되고, 전기 사용량이 예상을 넘어 예비전력이 부족한 상태까지 이르렀다. 냉방기 가동 자제를 호소하는 한전의 움직임이 분주하다. 그렇다고 더위를 이길 방법이 딱히 없어 자제의 목소리에 효과를 기대하기란 쉽지 않을 성 싶다. 폭우, 폭염 등 세계가 이상 징후들로 이미 몸살이 시작됐다. 우리나라도 예외는 아니다. 열대성 기후로 점차 바뀌고 있음을 실감하게 됐다. 에어컨 바람을 싫어하는 나 같은 사람은 폭염과 맞서는 것이 고작 냉수로 샤워하는 일밖에 딱히 대처 방법이 없다. 물을 끼얹고 기껏 닦고 나면 줄 땀이 온몸을 적시니 불쾌지수가 높을 수밖에…. 고통의 시간들을 이겨내야 할 순간마다 우리 선수들이 짜릿한 승전보로 속 시원한 바람을 일으켜 주었으니 그 또한 행복이

다. 흥에 겨워 경기를 지켜보는 사람마다 만능선수가 된다. 경기장마다 채널을 돌려가며 응원은 물론 정제되지 않은 감정으로 코치 감독의 목소리 보다 더 강력한 메시지를 전하러 안달이다. 모두가 국가대표 선수요, 애국자다.

금메달을 놓고 겨루는 결승전이 벌어지면 더위 따윈 기억조차 없어진다. 앞집, 뒷집, 옆집, 윗집, 아랫집 할 것 없이 하나 되는 축제다. 국민통합이 저절로 이루어진다. 인위적인 통합은 부작용을 일으키기 쉽다. 모든 사람들이 공감할 수 있는 신명나는 기쁨을 만들어 내면 저절로 하나가 된다. 그걸 모르고 입으로 떠들어대는 위정자들을 보면 안타깝기 그지없다.

이번 올림픽에서 우리선수들이 마음껏 기량을 발휘해 기쁨을 주었지만 클라이막스는 축구경기였다. 사상 유래 없이 자력으로 올림픽8강에 진출하는 기염을 토하더니 홈그라운드 이점을 살린 영국을 승부차기로 이겼다. 심판의 불리한 판정을 이 겨가며 온몸으로 혈투를 벌인 선수들 못지않게 국민모두가 열두 번째 선수가 되어 뛰었기에 가능한 일이다. 동메달을 놓고 일본과 치른 경기는 가히 환상적이었다. 일본은 11명의 선수가 뛰었지만 우리는 6천만 국민이 함께 뛰어 일궈낸 값진 동메달이다.

우리의 승리에 위축을 느낀 것일까? 속 좁은 일본은 독도를 갖고 막말을 쏟아내고 있다. 관중이 넘겨준 '독도는 우리 땅' 표어를 들고 그라운드를 돌던 K선수를 제소해 시상식장에서 제외시키는 치사한 행동까지 서슴지 않았다. 욱일승천기를 선수복 무늬로 사용한 그들의 저의는 무엇일까? 패권주의로 회기를 국제사회에 드러낸 꼼수가 아닌지. 그런 이중성을 가진 일본인과 상호방위협력체결 운운한 위정자들은 국가관이 있는지 의심치 않을 수 없다. 단결된 우리의 모습에 질려 광기를 부린다면 더 늦기 전에 국제사회에 사과하고 용서를 빌어야 마땅할 일이다.

수필

일본은 국제사법재판소에 독도를 제소할게 아니라 그들의 죄과를 스스로 낱낱이 제소할 일이다. 사촌이 논사면 배가 아프다는 우리 속담처럼 잘 나가는 대한민국을 그들이 폄하하는 데는 과거사의 반성이 제대로 이뤄지지 않았기 때문이다. 올림픽을 통해 일치된 우리의 모습에 놀라 제정신을 잃은 일본은 각성하기 바란다. 지진피해로 실의에 빠졌을 때 헌신적으로 도와준 나라가 어디며, 당신들이 저지른 만행을 가슴으로 삭이는 나라가 어디인지 꼼꼼히 살펴보고, 더 이상 상처 주지 않길 바란다. 그들에게 가깝고도 먼 나라의 수치스런 꼬리표를 스스로 떼어주길 바라는 것은 무리일까?

이럴 때일수록 저들의 술수에 말려들지 않아야 한다. 올림픽에서 보여준 일치단결된 모습처럼 우리의 힘을 하나로 모아야 할 때다. 천 마디 말로 응수보다 지금은 행동으로 보여줄 때다. 더위를 이겨내고 예비전력부족을 잘 극복하는데 일조한 올림픽경기처럼 안정된 대한민국을 위해 기쁨으로 하나 되는 힘을 키우는데 한마음으로 흥을 찾아 나설 때다. 우리의 흥이 부활의 꽃으로 피는 그날까지 …

자기모순

강병남

요즘처럼 세태가 불안한 시기엔 무엇보다 자기관리가 중요하다. 행동하는 것도, 사람을 만나는 일도 심사숙고해야 한다. 자칫 시비에 휘말려 낭패를 볼 수 있기 때문이다. 경제가 어려운 시기엔 사람들 감정도 예민해져 평소엔 웃고 넘어갈 일도 언쟁으로 이어지는 일이 종종 벌어진다. 모든 사람과 웃고 지내면 좋으련만 쉽지않은 일이다. 일방적 포기가 아니고서는 어려운 일이다. 상대와 내가 생각하는 관점과 나아가는 방향이 다르기도 하거니와 추구하는 목표도 상이해서다.

운전을 하다보면 곳곳에서 시비가 일어나 다투는 것을 종종 볼 수 있다. 차가 많아지고, 운전자도 늘어나서 그럴까? 법규 위반에는 아랑곳하지 않은 몰지각한 운전자가 있기도 하다. 10여년 전만해도 미소를 지으며 손을 들어 양보를 표하고 양쪽 깜박이를 켜서 감사의 표시를 전하는 것을 흔히 볼 수 있었다. 그런 아름다운 모습들은 사라지고 요새는 운전하기가 겁날 정도로 조심스럽다. 급차선 변경으로 끼어들어 가슴 철렁하게 하기도 하고, 지그재그 운전으로 위협을 가하는 저급 운전자도 있다. 좁은 땅에 차도 사람도 많다 보니 그럴 수도 있겠구나 생각하다가도 도에 지나치는 행동을 보면 나도 모르게 경적이나 하이 빔으로 경고의 신호를 보내기도 하지만 반응은 썰렁하다.

수필

요즘엔 DMB를 시청하거나 스마트폰에 집중하느라 운전은 뒷전인 사람들이 늘고 있다. 직진 신호에도 버젓이 서있기도 하고, 전화하느라 규정 속도 이하 저속운전으로 교통흐름을 방해하는 사람도 있다. 이 행위들 모두 불법이다. 교통법규 위반이다. 하지만 정작 당사자는 자기가 저지른 행동에 대해 미안함 마저 느끼지 못한다는 사실이다. 도덕적 타락이다.

모든 사람은 법 앞에 평등하다. 평등을 바르게 유지하기 위해선 올바른 법집행이 필수다. 상식의 선에서 분별되는 합리적인 선이 유지될 때 공정사회라 말할 수 있기 때문이다. 대부분의 사람들은 옳고 그름을 합리적인 관점이 아닌 자기관점에서 바라보고 판단한다. 혼자 사는 사회라면 문제될게 없겠지만 공동사회를 살아가는 데는 본인의 행위가 남에게 피해를 줄 수도 있다는 사실을 잊어서는 안 될 일이다.

세상사는 데는 정답이 뚜렷이 없다. 원래 옳고 그름이 없기 때문이다. 서로에게 맞는 합리적인 방향으로 양보와 타협을 하며 사는 것이다. 요사이 우리사회 불만족스런 모습들이 눈에 자주 밟힌다. 예전 같으면 쉽게 지나칠 일도 돌아보게 되고 한마디씩 던지기도 한다. 분명 나에게 변화가 일어난 게 사실이다. 겸손과 배례의 삶이 하나님이 주신 나의 달란트였는데 그렇다면 근자에 나의 행동들이 신에 대한 도전적 행동은 아닌지 마음이 불안하다.

파블로 피카소는 성공은 위험하다고 했다. 다른 사람을 모방하기보다 자기모방이 시작되어 자기모순에 빠지게 된다는 것이다. 나도 혹 그릇된 나의 모순에 빠져드는 건 아닌지 고뇌해볼 일이다. 세상이 어떻고 사회가 어떻고 떠들어 대지만 거기에 대한 명쾌한 해답은 없다. 두 개의 수레바퀴도 규칙에 의해 굴러가듯이 우리의 삶도 정상적인 규칙을 따라 가는 게 순리가 아닐까 하는 생각이 든다. 그동안 나의 잘못된 판단에 의해 상처를 받은 사람들이 있다면 이글로 대신 사죄를 받고 싶다.

적극적인 현실참여도 삶이요, 적당히 선을 긋고 물러서는 것도 삶의 한 방편이다. 모두가 힘들다고 아우성인 이 어려운 시대를 살면서 그나마 내가 할 수 있는 일은 남에게 피해주지 않는 길을 찾는 삶이다.

으스슥-사각-사각 억새의 울음소리가 새벽하늘을 벗기고 있다. 서로 부비고 밀치며, 뺏고 빼앗기는 상처들이 하얀 꽃으로 피고 있다. 하나 보다 둘이 외롭지 않고 둘 보다 모담으로 피는 꽃이 아름답다. 저들의 삶이 우리가 사는 모습과 별반 다를 게 없어 보인다. 정답이 없는 세상을 살면서 자기모순에 빠진다면 슬픈 일이다. 아름다운 이 세상에 모담으로 하나 되는 길은 나를 더 많이 낮추는 것이다.

함께 아름다워질 수 있다면 못할 것도 없지 않는가!

강병남

한국문인협회 회원
서대문문인협회 부회장

수필

미루나무

김한석

태양이 뜨겁게 내리쬐는 햇살을 피해 오후 느지막하게 공원을 찾았다. 독립문 공원은 집 근처에 있어 이따금 그 곳으로 산책을 나간다. 공원에는 독립문을 비롯하여 항일 투쟁에 관한 조형물들이 곳곳에 세워져 있어 단순한 공원의 의미를 넘어 역사의 한 현장이기도 하다.

그러나 나는 공원 안에 있는 형무소역사관을 찾는 경우는 드물다. 사료(史料)전시관으로 꾸민 그곳에 들어가려면 옛 형무소의 높은 담과 감시하는 망루, 그리고 덜컹하는 쇠문을 거쳐야 하기 때문에 마치 어디에 갇히는 것 같은 기분이 싫어서다. 하지만 오늘은 제헌절. 제헌절과 형무소가 직접적인 관련은 없으나 선열들의 피 흘린 대가로 얻어진 독립이기에 헌법 제정 또한 이런 과정이 있어 가능했던 것 아닌가 하는 생각에서다.

사료와 기록사진으로 가득 메운 전시관을 빠져나와 팻말이 가리키는 마지막 코스는 사형장(死刑場)이다. 안내판에는 "조국의 독립을 위하여 싸우다가 형장의 이슬로 사라져간 선열들의 넋이 서려있는 곳"이라고 적혀 있다. 나는 이 안내문보다는 사형장 앞에 서 있는 미루나무에 얽힌 설명에 더 마음이 쏠렸다. 형장으로 들어가는 사형수들이 이 나무를 붙들고 잠시 통곡하였다는 그 구절이 나를 그 자리에서 떠나지 못하게 한 것이다.

나로서는 죽음에 직면한 사람의 마음을 헤아릴 길이 없다. 그러나 형장에서 맞이해야 할 죽음은 그저 늙거나 병들어 죽는 자연사와는 다르다. 그들 가운데는 지금 죽기에는 나이가 너무 아까운 젊은이도 있었을 것이고, 죽을래야 도저히 죽을 수 없는 억울한 사람들도 있었을 것이다. 이유야 어찌되었던 죽음의 장소로 끌려가는 자들의 심정은 어떠하였을까. 미칠 듯이 절규해 보지 않고서야 어찌 그냥 견뎌낼 수 있었겠는가.

그들은 무엇 때문에 그토록 통곡하였을까. 삶에 대한 애착에서였을까. 혈육과의 아픈 이별 때문이었을까. 그런 것은 평범한 사람들이면 누구나 가질 수 있는 원초적인 감정일 것이다. 그러나 우리의 애국지사들은 이에 머물지 않고 그것을 뛰어넘어 좀 더 값진 삶을 갈구했을 것이다. 나라와 민족의 운명을 위해 아직도 못다한 일이 많은데 이대로 세상을 하직해야 한다는 울분이 무엇보다 견딜 수 없는 고통이었을 것이다. 살고 싶어도 더는 살 수 없는 사형수, 살 수 있는데도 스스로 삶을 마감하는 자살자. 너무나도 다른 두 죽음의 환상(幻想)을 떠올리며 삶과 죽음의 의미를 새삼 생각해 본다.

미루나무가 있는 곳에서 서너 발짝만 더 걸으면 바로 처형장의 입구에 이른다. 여기를 지나치면 이젠 어디에서도 울분을 토해낼 시간도 장소도 없다. 그래서 마지막으로 이 나무를 끌어안고 소리 내어 실컷 통곡하고 나면 마음이 조금은 진정될 수 있었을런지. 나는 이 미루나무가 어느 정도 그들의 마음을 달래주는 버팀목이 되었을 것이라는 생각이 들었다.

곧게 뻗어 자란 미루나무는 하늘을 찌르듯이 높이 솟아 있다. 그들의 통곡이 하늘까지 닿을 것처럼. 담을 사이에 두고 사형장 안에도 미루나무가 한그루 서 있다. 그러나 바깥에 있는 나무와는 사뭇 대조적이다. 너무 초라하고 볼품없는 나무. 이 나무는 사형수들의 한(恨)이 서려 잘 자라지 않는다고들 한다.

전에는 처형장의 출입문을 자물쇠로 잠가 놓아 밖에서 형장의 외곽만

겨우 넘겨다 볼 수 있었다. 그러나 지금은 모두 개방하여 사형수의 의자, 얼굴에 씌우는 용수, 천장에 매달린 오랏줄과 죄인의 발이 땅에 닿지 않도록 파놓은 구덩이에 이르기까지 사형 장면을 그대로 볼 수 있게 해 놓았다. 사형장면이 너무 적나라하게 보여 그렇게 낱낱이 개방하는 것이 과연 바람직한 것인지 모를 일이었다. 하지만 이곳이 애국지사들의 최후를 마감한 바로 그 현장이라 생각하니 고개를 바로 들지 못하고 마음 속으로 그분들이 명복을 빌었다.

사형장을 돌아 나오면서도 자꾸 뒤를 돌아보았다. 사형수들의 처형 장면을 낱낱이 지켜봤을 미루나무는 숱한 사연을 안고서도 무심하게 서 있다. 곁으로는 그저 뜨거운 햇볕을 받으며 싱싱하게 자라고 있는 한 그루 나무일뿐이다. 그러나 내면에 안고 있는 그 아픔을 어떻게 삭여 내고 있을까. 미루나무에서 울어대는 매미 소리가 유난히 요란하다. 아직도 이어지고 있는 원혼(冤魂)의 울부짖음일까. 아니면 원혼을 달래는 진혼(鎭魂)의 나팔 소리일까.

죽음 앞에서 소중하지 않은 목숨이란 없다. 하지만 오늘따라 순국 선열의 죽음이 이토록 숭고하게 느껴지는 것은 무슨 연유에서일까.

김한석

진주 출생, 법학박사, 삼천포 시장 역임
경상남도 공무원교육원 원장 역임
현) 서울신문사 자문위원, 서대문문인협회 부회장
〈에세이21〉로 등단
현대수필 회원, 산영수필문학회 회장 (현재)
남강문우회 고문

캐나다의 럭키관광 기행문

백수복

한국이 조용히 잠들었던 조선(朝鮮)시대를 거쳐 일제의 탄압으로 갖은 고통을 겪으며 어찌하지 못한 채 목숨을 부지했던 1938년에 일본 상권으로 한때 성시를 이룬 충남 강경에서 필자가 태어났다.

필자의 출생은 가난하고 학교문턱에도 가본일이 없는 부모님들이 마침 기독교의 복음을 받아드린 직후여서 궁핍한 생활이었지만 신앙생활에서 행복을 맛보며 사명자의 싹이 움트는 듯하였다. 당시 명문 강경중앙초교, 강경상고에서 학문에

눈을 뜨고 상경하여 서울신학대학에서 사명이 영글어 한평생 성결교회 성직자로 생의 한 매듭을 짓게 되었다. 그런데 필자의 사명은 일반 목회자가 지향한 강단 목회가 아니고 글을 쓰고 도서를 편저한 사명자의 길이기에 "글쟁이 목사"로서의 여정이었다.

특수목회자의 생애이어서 여타 목회자가 경험하지 못한 험난한 고비도 있었지만 평범한 목회자가 겪어 보지 못한 스릴 있는 사건도 수 없이 넘나들었다.

그 중에 꼭 기록하고 싶은 것이 해외여행이다. 필자가 한때 성직자의 궤도 이탈로 A. M. K. Co. (Applied Magnetics Korea)외국인 전자회사에서 근무하다가 마칠 무렵인 1979년도에 60일간의 세계 일주여행을 시작으로 하여 한때는 매년 2-3회 해외 나들이 하면서 다수 미국여행을 하였다. 여행한 나라로선 미국을 비롯하여 캐나다, 브라질, 멕시

코, 영국, 프랑스, 이스라엘, 일본, 싱가폴, 중국, 홍콩 등이다.

특히 1979년 10월에 미국의 샌프란시스코에 방문하여 강경교회 담임 목회자이었던 조명석 목사님을 찾아뵈었더니 강경교회 출신으론 첫 번째 방문자라고 반겨주던 옛일이 떠오른다.

이렇게 진행된 여행 중에 2002년 5월에 필자의 내자 회갑기념으로, 미국의 라스베가스에서 옐로우스톤까지 9박 10일간의 여행이 참으로 즐거웠다.

Grand Canyon을 시작으로 Bryce Canyon, Giant Canyon, Art Canyon, Canyon Land, Salt Lake를 거쳐서 최종 Yellow Stone까지의 장거리 여행이었다.

그러나 2012년 8월 10~30일간에 캐나다의 럭키를 비롯한 뉴욕과 샌트루이스의 관광중에 럭키관광의 감동이 여타지역의 관광시 체험보다 가장 감격스러웠다. 금번여행은 필자의 부부와 딸(라미)의 세 식구가 둘째(백승철목사)의 목회지 캐나다의 에드먼톤으로 가고 큰애(백승진 목사)의 가족이 뉴저지에서 에드먼 톤으로 합세한 일행이었기에 4가족 총 13인의 여행이었다. 늙은 필자를 시작으로 하여 외손녀 하민이는 출생 18개월이었으니 연령층이 다양하였건만 참으로 즐거운 여행이었다.

둘째의 주선으로 Alberta주의 벤프(Banff)에 숙소를 정하고 매일 근방의 ATIONAL PARK를 방문하는것이 럭키의 관광이었다. 매일 조각품같이 깎아 반듯한 암절벽의 산들과 그 산의 얼음이 녹아 내려 고인 호수들의 에메랄드 칼라에 반했다는 표현이 적절한지 나도 모르게 황홀하기까지 하였다. 매일 우리 일행은 조반을 먹고 중형차에 승차하여 유명관광지 한곳 식을 순방하였다.

첫날은 ICE FIELD를 방문하니 8월이라 분명 여름철이지만 털옷으로 중무장하고 어름산중턱에 펼쳐진 어름언덕을 특수제작 강철차량의 승차로 어름골짝이 까지 깊숙히 들어가 어름언덕에서 먼산의 빙하언덕을 바라보며 관광객 제각기 촬영에 정신을 팔던 관광이었다. 그리고 귀가 길에는 작은 호수도 있고 꽤 광활한 호수가 펼쳐지는데 호수의 물색갈이 한결같이 에메랄드색이어서 정말 내 시선을 의심하리만큼 너무나 아름다웠다. 그런데 안내자는 이런 호수의 아름다움은 아무것도 아니라고 한다.(중략)

마지막 날은 가장 아름답다는 레이크 루이스(LAKE LOUISE)를 찾았다. 하절의 무더위를 느끼면서 호수입구에 하차하니 폭넓은 레이크 루이스가 시야에 들어오고 그 파란 호수 끝자락에 흰 눈 덮인 고산과 얼음으로 얼룩진 정경이 황홀하다. 분명 호수 입구는 여름이건만 호수를 따라 시선이 반대편에 꽂히니 그곳은 한겨울의 장관이었다.

럭키의 황홀했던 관광을 마치고 8월 19일에 큰애 목회지 미국의 뉴저지로 와서 한 주간 뉴욕주변을 둘러보았다. 무엇보다 자유의 여신상을 찾아갔더니 33년전(1979년)에 보았던 그대로 서서 필자를 반기는 듯하였다.

그리고 뉴욕지역은 필자가 여러번 방문하였기에 처음 미국 여행한 사위의 자유스런 관광을 권장하면서 필자는 지난 5월에 오랜만에 고국 방문한 워싱톤 D. C의 오광섭 형님을 기억했다. 오형이 개척한 대신교회 창립 50주년기념행사에 초청되어 서울에 오셨기에 남병선 형님과 이석종 형님 내외와 김부춘 장로를 서울역 그릴에서 오찬접대하며 옛 추억을 나누도록 하였더니 김부춘 장로와는 50여년 만에 재회한다면서 반가워한 사건이 떠올라서 오형님에게 전화를 하였더니 반가워하시며 여러분의 안부를 전하며 인사하지 못하고 출국했음을 사과하였다.

그리고 뉴욕에 방문시마다 만났던 김덕자 권사에게 전화로 인사를 나누었더니 반가워 하면서 여러분의 안부를 문의하며 필자처럼 강경교회 출신들의 소재를 파악하고 있는 분이 드물다고 하기에 국내외 친지들에게 소식을 알리고자 기행문을 착안 하였다.

수필

2003. 2. 21

특별히 2007년 5말에 필자가 로스앤젤레스에 있는 코헨 신학대학교에서 신학박사 학위를 받고 처음 방문한 시애틀에서 고향 교회의 선배 배금자 목사(강경여고 출신)를 극적으로 만났던 사건이 회상되었으며 금년 6월에 대선배이신 배영웅 목사님(강경상고 제27회)을 모시고 고향에 방문하여 배 목사님의 선친이 왜정시대에 일본으로 강제 징집되었으나 귀환치 못한 사실의 인후보증을 필자와 강경교회 담임 신영춘 목사가 기록해 주었던 일들이 스쳐가기에 강경 출신들에게 이 소식을 전하기로 하였다.

또한 8월 25일경 필자가 미국의 샌트루이스의 형님 댁에 방문시 강경일감리교회 윤석일 목사로부터 전화를 받았다. 9월 4일에 강경역사문화원 개원식을 거행하니 자문위원으로 고향에 와서 축사를 하여 달라는 것이다. 자문위원으로는 필자와 박범신 교수를 추대하였다고 하기에 시차제도 극복하지 못하고 4일 아침 KTX편으로 용산에서 출발하여 논산에서 하차한 후 강경을 방문하였다. 마침 초등학교 동창 3인이 고향 방문을 환영하기에 함께 점심을 나누고 우중이었지만 강경교회에서 잠간 기도하고 혼자서 홍교동, 북옥동(살던곳), 서창동, 태평동거리를 거닐면서 옛추억이 주마등처럼 스쳐갔다. 옛 조흥은행 자리에 준비한 행사장에 참석하니 고향 친구들이 생각나기에 몇 자 보고한다.

"나는 강경 출신으로 서울에서 방문한 유일한 손님이지만 강경중앙초교 42회, 강경중학 3회, 강상33회 졸업생이기에 고향의 경사를 진심으로 축하합니다.

김구 선생이 일찍이 남긴 이야기를 전하며 축사에 대신 하려고합니다. 〈우리나라가 강대국 되는 것 원치 않습니다. 외적의 침입을 방어하면 족합니다. 그러나 문화는 강하여야 합니다. 그래야 나도 행복하고 이웃도 행복 합니다〉라고 하였기에 강경이 충남의 근대문화 시발지로서 문화가 강해지어야 강경읍민도 나아가서 논산시민과 한국민이 행복해 집니다."

백수복

서울신대 및 대학원 졸업, 고려대학교 교육대학원 졸업
코헨신학대학교 신학박사, 기독교대한성결교회 원로목사
월간지 활천 사장역임, 서대문문인협회 이사
한국문인 등단 (수필, 현대문학)
저서(편저): 신학, 문학, 역사 등 115권

수필

내 나이

신덕재

편지 한 장을 받았다.

분명 나에게 보낸 편지는 맞는데 보낸 사람이 누군지 통 알수가 없다.

"김중현, 김중석이가 누구지?"

편지 내용을 보니

"삼가 아뢰옵니다. 저희를 낳아주시고 가없이 사랑으로 길러주신 아버님(김 청字 환字)의 고희를 맞아 어머님(최 경자 애자)을 모시고 저희들이 작은 정성을 모아 축하의 자리를 마련했습니다.

오늘날까지 저희 부모님과 두터운 정을 키워 오신 어르신들과 친척 분들을 모시고자 하오니 기쁨을 나눠주시면 감사 하겠습니다."

아하! 청환이 형 고희연 초청장이구나. 중현이와 중석이가 청환이 형 아들들이구나. 지금까지 무심히 지냈으니 청환이 형 아들 이름을 알 턱이 있겠는가?

벌써 청환이 형이 고희네! 일흔 살이라는 거 아니어?

그렇지, 청환이 형이 나보다 다섯 살 많으니 고희가 맞기는 맞네.

그러고 보니 내 나이도 예순 다섯 살이네. 허참, 앞으로 오년만 지나면 나도 고희네.

청환이 형 고희연 초청장을 앞에 놓고 지난날의 내 나이를 돌이켜 본다.

이유는 모르겠으나 스물여덟 살까지 난 늘 이랬다.

"언제 난 사, 오십을 지나 환갑이 되지?"

"왜 사람들은 나를 마냥 애 취급을 하는지 모르겠어?"

"나이 스물여덟이면 어른인데 말이야!"

정말로 나이가 들지 않았다. 항상 어린애처럼 지냈다. 나도 그랬고 다른 사람들도 그랬다. 그러던 어느 날 처음으로 "아저씨"라는 말을 들었다.

"아저씨 구두 닦아요!"

그날 이후 어설프기는 해도 난 "아저씨"가 됐다.

"아저씨"라는 말을 들은 후 언제 예순이 됐는지 모르겠다.

예순 살까지 무엇에 홀린 듯 쏜살같이 달려왔다. 이제는 머리도 희여졌고 주름살도 생겼다. 예순 살까지 난 무엇을 했는지 모르겠다. 난 지금도 예순 살이라는 사실조차도 알지 못하고 "아저씨"로만 지냈네!

어느 날 지하철을 타고 가다 내가 예순이 넘었다는 것을 알았다.

어떤 청년이 자리에서 벌떡 일어나며

"여기 앉으시지요?"

허참! 이젠 내 나이도 자리를 양보 받는 나이가 되었네! 이런 일이 싫어 경로석을 피해 왔는데. 결국 자리를 양보 받고 마네 그려.

지금 청환이 형의 마음은 어떨까? 기쁠까, 애잔할까?

아마 나도 고희가 되면 마음 한 구석이 헛헛하지 않을까? 아니면 자식들의 대견함에 지긋이 미소를 지을까?

사람의 나이와 나이의 사람이 같았으면 좋겠다.

나이에 따라 후회나 기쁨이 변하지 않았으면 좋겠다.

눈을 감고 잠시 무념에 잠기는데,

나의 또 다른 후배가 "형님! 고희를 축하해요!"라고 말 하는 듯하다.

겨울 담쟁이

신덕재

고즈넉한 돌담에 푸르고 넙적한 담쟁이 잎이 탐스럽게 걸려 있다. 소소한 바람이 담쟁이 잎을 스치고 지나간다. 바람결을 따라 담쟁이 잎이 파도치듯 춤춘다. 우리의 마음을 어루만지며 이야기 하듯…….

어느 잎은 간지럽다고 웃고, 어느 잎은 슬픈 마음에 눈물을 흘리며 흐느낀다. 속내를 보이기 싫은 잎은 수줍은 듯 몸태를 기울고, 호방한 잎은 너털웃음에 힘차게 세상을 뒤흔든다.

이 모습은 여름 담쟁이다. 여름 담쟁이는 부러울 것이 없다. 힘차게 자랄 수 있는 물이 넉넉하고, 강렬한 태양은 담쟁이 잎을 짙푸르게 만들고, 담쟁이 넝쿨은 무서울 것 없이 맹렬히 뻗어 간다.

세찬 장맛비에도 몸 한번 툴툴 털면 빗물이 산뜻하게 떨어져 더더욱 깔끔해 지고, 폭풍우가 몰아쳐도 서너 번 허리를 기울었다 일으키면 거뜬하다. 여름 담쟁이는 담쟁이의 절정기이다.

잔서리가 내리는 어느 날 밤, 검푸르던 담쟁이 잎이 어느 순간 단엽(丹葉)으로 변했다. 다소곳이 숙인 붉은 담쟁이 잎은 지난날을 회상하며 꿈의 잔치를 하고, 잔바람에 맥없이 떨어지는 잎이 아름다웠던 세월의 날개를 너울너울 춤추며 마지막을 완성한다.

마지막 잎새를 연상케 하는 가을 담쟁이의 잎은 마음의 허전함을 나타내기 보다는 애틋한 사랑의 안타까움을 이겨내는 힘의 상징이다.

지난날의 슬픔, 아픔, 기쁨, 즐거움, 오해, 싸움, 고요, 행복 등등을 씻어버리고 스스로 떨어져 망각의 세계로 들어가 버린 가을 담쟁이 너는 참 좋겠다. 잊으려 해도 잊혀지지 않는 인간사가 밉다.

돌담 사이로 찬바람이 세차다. 검게 타버린 담쟁이 손이 차디찬 돌담을 움켜쥐고 있다. 손이 많이 시리겠다. 지난날에는 무성한 잎이 바람도 막아주고, 따스한 햇살이 돌담을 따듯하게 데워주고, 나비와 잠자리가 놀러와 심심하지 않아서 좋았는데…….

함박눈이 내린다. 건너편 산허리의 소나무에 함박눈이 휘 뿌리고 있다. 그것을 떠어내 화선지에 옮기면 동양화다. 돌담에 함박눈이 소복이 쌓이고 삽살개 두 마리가 함박눈을 좇아 천방지축으로 뒹구는 모습을 떠어내 화선지에 옮기면 이 또한 동양화다. 담쟁이 넝쿨과 손에 함박눈이 내려와 소담하다. 이것도 동양화 일까?

담쟁이 손은 넝쿨에서 나온 잔뿌리란다. 이 잔뿌리가 가파른 돌담이나 벽에 붙어 담쟁이 전체를 지탱하고 거침없이 세상을 뻗어간다. 담쟁이의 손은 담쟁이의 모두이고 하나이다. 또 생의 기본이다.

아무리 돌담이 춥고 시리고 매서워도 담쟁이 손은 이를 놓지 못하고, 소복이 쌓인 눈이 녹아 얼어도 돌담에서 손을 뗄 수가 없다.

겨울 담쟁이는 힘겹고 고통스러워도 참아야 하고, 살을 에는 매서운 추위도 이겨야 한다. 그래서 담쟁이 손에는 강력한 끈기와 용기가 있다.

매섭고 추운 세월과 삶 뒤에는 따듯한 바람이 불어오는 법, 담쟁이 손에도 희망이 있다.

담쟁이 손 밑에 있는 움을 보아라. 지난날의 영화를 숨기고 있는 싹이 있지 않은가? 지금 겨울 담쟁이는 버티기 힘든 가파른 돌담에 붙어 모진 바람과 추위에 언 손을 내놓고 있으나 이는 찬란한 내일을 위함이니라. 참 아름답다.

신덕재

대한문인협회 인권위원
한국문인협회 회원, 서대문문인협회 이사
소설가협회 회원, 서포문학상
한맥문학 문학상 본상 수상
소설집 : 「앙드레 사랑」 수필집 : 「생활속의 흔적」

수필

꽃다발 속에 담겨있는 삶

임수홍

첫 번째라는 단어는 우리에게 새로운 미지를 탐험할 여행길을 안내하는 설렘을 안겨주는 것 같다. 지금 밖에는 대지를 탈색시키는 하얀 눈이 내리고 있다. 머리에 살며시 내리는 눈송이를 느껴보는 이 느낌은 열일곱 소년이 용기 내어 수줍은 단발머리 소녀의 손을 처음 잡던 느낌도 아마 이랬으리라.

어린 시절의 숨기고픈 어설픈 빛바랜 기억들도 하얀 눈이 내리는 오늘만은 말하고 싶어진다. 어린 시절 순수의 지향점은 언제나 모든 걸 포용하는 바다를 향해 있으면서도 내 자신의 잘못된 삶을 하얀 물거품에 표백시키는 데는 인색했던 소년이었던 것 같다. 그래서 타협보다는 자기합리화로 무장한 자기만의 견고한 성(城)을 쌓아 내 자신의 이론을 정립하려 했던, 한때는 무모한 돈키호테의 후예자가 되고 싶었는지도 모른다.

70년대 서삼릉에 있는 젖소 종축장에 가서 겪은 놀램은 오래도록 나를 혼란케 했다. 50여명의 학우들과 실습을 가서 경험했던 그 일은 자신의 뜻과는 별개로 한순간 빵빵한 젖소의 거유(巨乳)를 탐닉했던 부끄러운 앳된 청년의 모습으로 비쳐졌었다.

먼저, 평범한 숫소를 평행봉 같이 생긴 틀 속에 움직이지 못하게 묶여놓고 잔뜩 흥분시켜서 발기한 거대한 종축(씨받이) 숫소를 데리고 와 암소처럼 위장한 숫소 위에 올라타게 했다. 그리고 수의사들이 대롱(나중에 안 일이지만 암소의 질과 거의 같은 느낌의 대용품)을 가지고 와 흥분한 종축 숫소의 거기기에 바로 대었다.

참 웃겼다. 그 큰 등치의 종축 숫소는 15여 초의 짧은 쾌감을 느끼며 정액을 대롱 속에 쏟아 내었다. 그리고 종축소는 인간에 의해 가짜로 자신의 정열을 낭비한 지도 모르고 서둘러 자신의 아늑한 우사로 돌아갔다. 남겨진 정액을 원심분리기에 넣어 암. 수를 구별해 내는 수의사들. 그때만 해도 먹고 살기에 바쁜 우리나라 경제 현실에서 숫소보다는 우유를 생산해 내는 암젖소만 필요했기 때문에 그랬을 것이다.

지금 생각해 보면 딸보다는 아들만 바라는 우리들 세태와 별반 차이가 없었다. 이미 동물은 인간의 욕심에 따라 오래전부터 암. 수 분리를 시행했으니...... 아직 세상에 물들지 않았던 20세 젊은이의 참담함은 저녁시간 내내 학우들과 술 한 잔을 먹으면서 오래 동안 열띤 토론으로 이어졌다. 단지 종족을 보존하기 위한 정액 배출, 사랑이 배제된 욕망의 도구로써 정력의 낭비 등.

스무 살의 성(性)적인 호기심에 모두가 강했던 그날의 충격은 오래 동안 내 뇌리에 부자연스럽게 자리 잡았다. 사랑이 없는 삶이 얼마나 무미건조 하는 지를 아마도 그때 느꼈으리라.

지금 내 침대 위에 있는 꽃다발은 선물 받은 지 1년이 조금 지났다. 원래 남에게 선물을 받으면 가벼이 여기지 못하는 성격 탓도 있겠지만 작년 11월에 받았던 저 꽃다발은 의미를 부여하려 하면, 여러 가지가 있을 수 있기 때문이었다.

작년 11월 어느 날, 1년여를 끌어온 새로운 거래처와의 계약을 위한 첫 만남이 잠실 롯데호텔 커피숍에서 이루어졌다. 두세 명이 나올 줄 알고 나갔는데 아담하고 예쁘장한 여인이 혼자 앉아 있었다. 그동안 서로 만나지는 못했어도 간혹 통화는 했기 때문에 어설프지는 안았다.

서로가 자기회사의 이익을 대변하는 자리인 만큼, 처음엔 서로가 딱딱한 의자에 앉아 있는 심장 없는 로봇 같은 느낌이랄까? 평행선 같은 철

로를 같이 달리는 기차처럼 타협점이 없던 막다른 느낌이랄까? 이념과 사상이 다른 사람들이 남북대화를 하는 표현이 아마도 가장 적합할 것이다. 시간이 흘러도 서로의 합의점은 원점에서 맴돌고 있었다.

그래도 뭔가 돌파구를 뚫기 위해서 만난 자리인 만큼, 서로가 뭔가를 하기는 해야 했다. 저녁을 먹기 위해서 자리를 옮기면서, '술도 하느냐'고 물어봤을 때 처음으로 여인의 흐릿한 미소를 느꼈다. 깨어있는 이성(理性) 앞에서는 '일' 이라는 테두리를 벗어날 수가 없을 것이다. 그래서 술이라는 윤활유가 있는 지도 모르겠다. 삼겹살에 소주를 먹으면서 서로의 이야기가 주류를 이루면서 서로가 조금씩 감정의 호기심이 일기 시작했다.

내가 남과 다르다는 것. 남도 나와 생각이 다르다는 것을 인정하기에는 그동안 내가 쌓은 성(城)이 너무 견고했던 걸까. 내가 생각하는 게 어쩌면 틀릴 수도 있으며 사실과 다를 수도 있다는 걸 여인은 나에게 알려주는 듯 했다. 나와는 다른 방향에서 열심히 살아온 여인의 담담한 이야기에 나는 갑자기 허기져 갔다. 내가 이제까지 쌓아온 견고한 성(城) 어느 귀퉁이 벽돌 하나가 툭, 떨어지는 기분이랄까. 조금 놀랐지만 바람 숭숭 들어오고, 눈 끔벅이며 벽돌 하나 떨어져 나간 구멍을 통해 다른 세상인 바깥을 쳐다보고 싶어지는 욕망도 들었다.

그랬다. 나이를 먹어가면서 점점 나는 내가 하는 일을 빼고는 다른 부분에서는 고립되어 갔다. 갈수록 나와 생각이나 철학이 맞는 사람들만 만나게 되었다. 그 사람들은 만나면 일단 편하고 좋았기에 더욱 그랬다. 그러다가 전혀 다른 분야, 일의 분야가 아니라 생각의 코드가 전혀 다른, 다른 사람들을 만나면 나는 화들짝 놀랜다. 이 사람들도 내가 살아가는 행성에 같이 사는 사람이 맞을까? 라며 의아해 하기도 하였다.

그리고 그러한 기준점은 언제나 나였다. '내가 옳다.' 라고 결론을 내린 다음에, 속으로는 상대방에게 막 화를 내고 있는 편이었다.

'어떻게 그렇게 생각할 수 있지.'

'어떻게 그렇게 말할 수 있지.'

'어떻게 그렇게 나와 다를 수 있지.' 라면서 말이다.

술잔이 파도처럼 넘나들면서 평행선을 영원히 달릴 것만 같았던 브레이크 없는 기차도 결국은 서로가 조금씩 양보하면서 종착역에 멈출 수가 있었다.

조그마한 여인, 자기의 생각을 상대방에게 이슬비처럼 적신 듯, 안 적신 듯 젖게 했던 여인이 갑자기 거인처럼 커 보이기 시작했다. 그리고 끝이 없을 것 같던 여행을 마친 기념으로, 가벼운 입가심을 한 잔 하잖다. 밖에 나오니 흰 눈이 오기 시작했다.

첫 눈은 아니지만 그래도 기분은 좋았었다. 그때 처음엔 조그만 했지만 이제는 거인이 되어버린 그 여인이 근처 꽃집으로 들어갔다. 그리고 내 침대 위에 있는 자주색으로 감싼 장미를 내게 선물했다. 엉겁결에 받아든 꽃다발이었다.

오랫동안 자신을 상대방에게 각인시킬 줄 아는 자그마한 여인. 신선한 샘물처럼 메마른 내 가슴을 적셨던 여인. 수줍게 달아나는 아지랑이 같은 안개에 쌓여있던 부끄럼 모르는 성(城)을 당당하게 태양을 마주치게 했던 여인. 그녀의 말에는 성숙한 정신의 리듬과 울림이 담겨 있는 듯했다.

오늘 같이 눈이 오는 날엔 작년 11월 잠실역 부근에서 나에게 세상(?)을 이야기 했던 조그만 여인이 생각난다. 비록 처음 느꼈던 스무 살 청춘처럼 싱싱했던 꽃다발의 첫 느낌은 사라졌지만, 1년여 동안 내 곁에서 중년의 나이처럼 세상을 관조하는 새로운 느낌이 들기 때문에 앞으로도 꽃다발은 내 주변에 남아 있을 것이고, 조그만 여인을 생각하는 내 마음도 저기 꽃다발 속에 오래도록 담겨 있을 것이다.

임수홍

한국문인협회 회원, 한국수필가협회 회원
(사)대한민국국보문학협회 회장
주간 한국문학신문 발행인
월간 국보문학 발행인
도서출판 국보 대표

수필

단청

차혜숙

발길 닿는 대로 떠난듯 하면 우연히 마주치고, 만난 듯싶은데 훌쩍 떠나는 것이 사람이 사는 이치인 듯싶다. 머무는 안일함보다는 무엇을 향한 그리움으로 끝없이 방황하는 것 또한 우리네 일상이 아니런가.

일상에 쫓기다 보면 나들이조차 어려워 바깥일에 궁금증을 느끼게도 되는데. 어쩌다 세상사는 일을 찡하게 들려주는 사람을 만나면 반가움이 앞선다. 별의별 사람들도 많지만 소탈하고 인정 있는 사람은 식솔 같은 느낌이 들곤 한다. 내가 아는 단청을 하는 분이 그런 한 사람이다.

우연히 배우게 된 일이 지금은 전국의 저간을 누비며 천직인양 삼십년이 넘었다고 한다.

그는 청년시절에 논마지기 판돈을 손에 쥐고 서울로 올라왔으나 취직알선에 속아 몽땅 날렸다. 거처할 곳조차 없던 터라 임시로 이태원 호박밭에 가마니로 움막을 만들었다. 고향에는 다시 돌아갈 수 없는 형편이라 마음만 괴로웠다. 산에 있는 떨감을 따다 단감이라고 팔아 생활했고, 고기가 먹고 싶을 때면 돼지비계를 볶아 먹기도 했다고 한다.

비슷한 또래와 움막에서 기거하던 중 4 · 19를 맞이했다. 우연찮게 불에 타고 있는, 권좌에 있던 사람의 집을 구경하러 갔다가 뜻밖에 횡재를 한 것이다. 그 와중에서 은주전자를 주웠다. 누구 볼 새라 잠바 속에 넣어 가지고 와서 팔았더니 그때 돈 5천원을 받아 그것을 밑천으로 새 출발을 할 수 있는 계기가 되었다.

그는 그 길로 부산에 있는 마하사라는 절로 들어갔다. 복잡한 현실에서 도피하고 싶었던 것이다. 그곳에선 공사가 한창이라 일을 하게 되었고 단청을 그리는 노인을 만나게 되었다. 인연치고는 참으로 기이했다.

돌고 도는 세상일의 이치를 깨우치기 위함일까, 탱화를 그리는 화공이 될 줄이야.

수많은 습화를 거친 끝에 노인의 뒤를 따라다니게 되었다. 낡은 작업복에 얼룩진 배낭을 메고 거리를 나서면 영락없는 거지 모양의 방랑자였다. 시간에 쫓겨 택시를 잡으려고 손을 들면 거진줄 알고 그냥 지나쳐 버리기도 했다.

한때는 그 일을 집어치우려 산을 내려왔지만 다시 부처님을 찾게 되었다. 단청을 그리는 작업을 할 때는 주색을 멀리하고 몸을 정갈히 하면서 수도하는 마음으로 임해야 한다. 그가 그리는 그림은 절 전체에 벽화를 그리는 일이다.

일주문에는 사천왕이 동자를 발로 밟고 칼을 들고 서있는 형상을 그리고, 대웅전을 들어서면 부처의 일대기를 그려 넣는다. 용과 봉황도 곁들인다. 절의 구조는 대웅전에 부처 중심인 것과 석탑을 위주로 하는 것이 있다고 한다.

이런 절에 그림을 그리는 것인데, 물감은 광물성인 분말에 입체 유연질을 섞어 사용한다. 입체 유연질은 법당 기름을 쓰는데 다섯 가지 원색으로 오행설에 맞추어 방향의 위치마다 색이 모두 다르다고 한다.

동쪽에는 청색, 서쪽에는 백색, 남쪽에는 적색을 사용하고 북쪽에는 흙색이다. 중간에 황색을 쓴다. 그 색을 사방, 팔방, 십 육방, 삼십 이방으로 배합해서 칠을 해야 한다고 한다. 오래도록 보존하는 색감을

선명하게 하기 위해 아교를 덧바르고 그 위에 삼십 이방의 물감을 칠해 놓는다.

그는 단청일이 고되기는 하지만 일을 마치고 나면 보람을 느끼는데, 어쩌다 절을 찾은 관광객이 채색하는 사람보다 부처의 모습에 감탄할 때 비로소 사는 맛도 느낀다고 했다.

단청일이 섬세한 만큼 작업량이 많아 한 번 일을 시작하면 3개월을 넘기기가 십상인데 그러다 보니 자연 남자들이 빨래와 끼니를 해결하며 살아야 된다는 것이다.

궁상도 이만저만이 아니라 행여 첩첩산중에 비라도 오는 날에는 아내와 자식이 그리워 산을 내려오고 싶은 충동이 일곤 한다.

한 달이나 보름 간격으로 보시를 받으며 미친 듯이 속세로 내려와 그날 밤은 속인이 되어 흠뻑 속세에 젖는다. 하지만 그렇게 하고 난 다음날은 절로 향하는 마음이 무겁고 부처님 얼굴을 바로 볼 수도 없기에 단청칠도 마음대로 되지 않았다고 한다.

전국을 돌며 찍음 질을 하다보면 외로운 날도 즐거운 일도 따르게 마련인데 몇 해 전 어느 절을 손질할 때의 일이다. 그 절을 자주 찾는 보살의 미색이 어찌나 뛰어난지 그는 일이 손에 잡히질 않았다. 염불에는 관심 없고 잿밥에만 신경을 쓰니 작업이 잘 될 리 만무하다.

몸살이 날 지경에 이르던 중 어느 날 절을 찾아온 보살이 단청에 넋을 잃고 있는지라, 그는 기회는 이때다 싶어 한 가지 꾀를 내었다. 그 아낙에게 황채기판을 들어 달라고 한 것이다. 아낙은 쾌히 승낙을 했고, 이내 채색 판을 높이 쳐들었다. 사다리 위에서 작업 중에 그 아낙의 옷깃 사이로 보이는 속살이 배꽃처럼 보였다. 넋을 잃고 바라보다가 그는 사다리 위에서 물감 통을 뒤집어쓰고 떨어졌다.

때론 탱화를 그리다가 부처님 머리에 장난을 하기도 했고, 언젠가는 부엌과 다락을 칠하던 중 염불 외는 소리에 발장단 맞춰 반야심경을 놓조로 읊조리다가 부지깽이 세례를 공양주에게 받은 적도 있다. 그림이 완성되면 떡과 산채, 과일을 놓고 고사를 지내지만 언제나 기쁨보다는 부족함에 아쉬움만 남는다는 그의 말을 들으면 그토록 정성을 기울이기 때문에 단청은 그리 아름다운 것이리라. 뿐더러 부처의 세계로 다가서는 자세로 채색되어 색채의 신비가 되도록 오묘한 것이 아니겠는가.

아마도 그는 자아발견을 위해 지금도 어디선가 얼룩진 배낭을 메고 찍음 질을 하고 있으리라.

그 사람이야말로 바로 세상일에 구애받지 않는 나그네요, 훌륭한 부처의 모습은 아닐는지.

우연히 배운 일이 천직이 되어 바람처럼 떠도는 그는 단청을 통해 부처의 세계로 돌입하듯, 나 역시 또 하나의 자아발견을 위해 원고지 위에서 방황하면서도 언제쯤이나 그만큼 갈고 닦아 단청의 오묘하고도 신비로운 빛을 발 할는지…….

차혜숙

한국문인협회 서대문지부이사
한국수필가협회 운영이사
불국문학협회 부회장
서대문문학회 부회장

소설

소설

여름여자

김병총

볏짚으로 딸아 얹은 지붕 끝의 낙수를 바라보며 이진태는 중얼거렸다.

"좋죠?"

하늘은 갑자기 흐려졌었고 뒤따라 소나기 같은 굵은 장대비가 쫓아왔었다. 비는 그칠 기미도 없이 벌써 시간 반을 흐느적거리고 있었다.

"비는... 그래요, 낭만적이죠."

"낭만적이라... 비는 그렇군요."

이진태는 미진의 말에 동감한다는 투로 대답했다. 아무 의미가 새겨지지 않았지만 비라는 단어만으로도 감동적이었다. 때문에 느낌은 촉촉하게 가슴을 적시고 있었다.

미진이 비에 대해 심상치 않다는 느낌을 가지게 된 것은 한참 후였다. 그토록 맑기만 하던 하늘이었다. 대화에 빠져 있었기 때문에 흐려지는 하늘을 조금도 눈치채지 못하고 있었다. 그러다 시원하게 소나기 삼 형제가 흙마당을 후들겨 패면서 지나갔다. 그러려니 했었다. 비는 곧 멎을 것으로 막연히 감지하고 있었다.

옆의 손님들이 서둘러 자리를 뜨고 있었지만 전연 괘념할 필요를 느끼지 못하고 있었다. 오로지 낭만의 비로만 바라보고 있었다.

벌써 두어 시간 동안 비는 계속 쏟아져 내렸고, 무의식의 틈새로 한 줄기 불안감이 언뜻 스치고 지나가는 것을 잡은 것은 한참 후의 일이었다.

"어때요?"

미진은 턱으로 마당을 가리키며 말했다.

"예에?"

"비가 저렇게 와도 괜찮을 것 같아요?"

"비가요...?"

"되돌아갈 때 개울이 넘치지 않겠느냐고요."

이진태가 당황스런 표정을 띤 것은 그 순간이었다.

"아하... 그렇군요!"

"아까 건너왔던 개울을 다시 건너야 되지요?"

"그렇습니다. 우리도 서둘러야 되겠네요."

이진태의 얼굴에서는 노골적으로 당황하는 빛이 역력했다.

"진태씨도 당황해 할 때가 있네요."

미진은 웃었지만 이진태는 굳은 표정이었다.

"어어! 손님들이 썰물 빠지듯 어느새 다 빠져나갔네!"

이진태는 텅 빈 주차장 쪽을 둘러보며 소리 질렀다.

지프차는 맹렬한 속도로 빗줄기를 뚫고 강 쪽으로 달려가고 있었다.

"난 재미있기만 하네요."

미진이 달래는 투로 말했지만 이진태는 아무런 대꾸가 없었다.

시야를 차단시키고 있는 아카시아 잎사귀를 밀고 나서며 이진태는 지프차를 급정거시켰다.

"어머!"

미진은 비명부터 질렀다. 개울물은 그새 분노한 강으로 변해 있었다. 누런 흙탕물이 화가 나서 벌겋게 소용돌이치며 아까의 개울물에서 십 미

터 이상이나 둑을 침범하며 흐르고 있었다.

"아하, 이거 야단났네!"

그제쯤 이진태는 노골적으로 탄식했다.

"다른 길은 없을까요?"

"없을 겁니다. 개울이 넘칠 땐 아무도 건널 수가 없다는 사실을 내가 왜 진작 생각하지 못했을까!"

"아까 그 음식점으로 되돌아가서 주인한테 다른 방법이 있는가를 물어 보면 안 될까요?"

"결국 그 방법밖에는 없겠습니다. 시내로 빠지는 샛길이 있을 것도 같습니다. 능선 뒤로 숨어 있는 군용도로 같은 거라도……"

그것이 유일하게 남아 있는 희망이었다.

만일이라는 단어를 미진은 미리 생각하고 싶지는 않았다. 만일 샛길이 없다, 비는 계속 된다, 며칠이 될지 모르는 긴 시간을 속절없이 섬으로 표류돼 온 신세처럼, 비가 그치길 기다리며 무의미한 시간에 갇혀 있어야 한다. 그것은 절망이었다.

별 수 없이 지프차를 돌려 '두메산골'로 돌아오자 쉰 살이 갓 넘었을 뚱뚱한 주인 여자가 시큰둥한 표정으로 이들을 맞았다.

"댁 네들은 시내로 못 빠져나간 모양이지유?"

"그렇습니다, 아주머니. 물이 갑자기 엄청나게 불었네요. 왜 진작 자칫하면 개울을 건널 수 없게 된다고 알려주시지 않으셨어요."

이진태는 신경질이 많이 난 상태다.

"그건 내 잘못이 아니지유. 손님들은 알아서 갈 길을 챙겨 갈 일이구먼유."

"여기 상황을 잘 모를 수 있잖아요?"

"그런 소린 마시유. 아까 그 많은 손님들은 아무도 우리한테 그런 걱정 물은 사람 없었시유. 다들 알아서 잽싸게 빠져나간 거지유."

"아주머니 말씀이 너무 무책임해서 기가 막힙니다."

"이런 영업 십오 년을 해 왔지만유, 손님 같은 분은 처음이니께유. 게다가 내 생각엔유 손님네들이 되돌아갈 생각이 없는 걸로 알았구먼유."

"안돌아가요?"

"의도적으로 간혹 그런 젊은 손님들이 있었구만요."

주인 여자는 미진 쪽을 흘깃거리며 이진태의 말에 또박또박 맞섰다.

이진태도 얼마큼 지친 것 같았다.

"아주머니, 기왕지사 일은 그렇게 된 거고... 혹시 시내로 빠지는 다른 샛길은 없어요?"

"없시유. 등산객들이 간혹 능선을 타고 길잡아 들어오는 산길이라면 혹시 모를까."

"그런 길이 있어요? 그 길로 빠져 나가려면 몇 시간 정도 걸릴까요?"

"몇 시간이 뭐유. 빠른 걸음이라도 노박해 가며 사흘은 잡아야 할거유."

"그럼 개울물이 모두 빠질 때까지 며칠이고 몇 달이고 이렇게 기다려야합니까?"

"별 수 없잖아유. 이제껏 우린 별 탈 없이 그렇게 살아 왔구만유."

봉변이었다. 봉변도 이만저만한 봉변이 아니었다. 아니, 위기라고 생각되었다. 이번에는 미진이 나섰다.

"아주머니, 저희들 같은 손님 처음이라고 아까 말씀하셨죠?"

"그렇지만은 않다니까요. 고의적으로 눌러앉은 젊은 사람들이 간혹 있었다니까유"

"그럼 저희들 같은 경우 어떻게 해야지요?"

"글쎄유. 신통한 방법이 뭐 있겠어유?"

"그럼 강물이 줄 때까지 이렇게 비를 맞으며 몇 날 며칠을 기다려야 해요?"

"비는 왜 맞아유. 빈 방들이 많은데 들면 되지유. 방값은 따로 안받겠어유."

속절 없었다. 대책 없는 주인 여자와 싸워보아야 방법이 생기는 것도 아

니었다. 갇힌 것이다. 확실하게 발이 묶인 것이다. 상황은 절망적이었다.

"미진 씨, 죄송합니다."

이진태가 죽어가는 목소리로 말했다.

"고의는 아니었잖아요. 그럼, 우리 이렇게 해요. 방은 그냥 빌려준다니 일단 들기나 해요."

미진의 느닷없는 제의에 이진태의 눈이 둥그레졌다.

"그렇게 해도 되겠습니까, 미진씨?"

"해도 되는 게 아니라 그렇게 밖에 할 수 없는 상황인 거예요."

주인 여자의 선심으로 미진과 이진태가 들게 된 방은 숲속에 다소곳이 숨어 있는 별채였다. 은밀한 곳으로 찾아드는 데이트족들을 위해 여인숙 비슷하게 별도로 지어놓고 대여해 주는 그런 방인 것 같았다.

방에는 이불 한 채가 구석자리에 덩그러니 개켜져 있는 것 말고는 아무것도 없었다.

후덥지근한 방의 남새가 확 다가왔다. 속으로부터 메스꺼움이 밀려 올라왔다.

"텔레비전이나 그 흔한 라디오 한 대도 없네."

미진은 웃음이 나왔다. 이럴 땐 속절없이 잠만 자라는 말인가 보다.

"무슨 소일거리라도 찾아야 될 것 같습니다."

이진태는 죄인 같은 얼굴이 되어 말했다.

둘은 어색한 자세로 각각 떨어져 앉아 있었다. 화토 한 모 얻어 고스톱을 치든가, 비가 그치고 개울을 건널 수 있을 때까지 날마다 술타령이라도 해야 될 상황인 것 같았다. 이진태는 일어나서 창밖으로 떨어지는 낙숫물을 하염없이 바라보았다.

이제는 이런 장소가 아름다움 비경(秘境)에서 눈물겨운 오지(奧地)로 변해버렸다는 사실을 절감해야 했다.

얼마큼 그런 상태로 앉아서 핸드폰을 두들기다말고, 통화권 이탈을 확인한 미진은 별로 자신 없는 목소리로 중얼거렸다.

"진태씨 핸드폰도 역시 불통이겠죠."

"미진씨 핸드폰이 불통이라면 나도 마찬가지죠."

"혹시 여기 전화가 없을까요?"

"아 전화가 있었어요!"

둘은 서둘러 방을 나섰다.

전화선이 있을 때와 없을 때는 경우가 사뭇 다르다는 생각이었다. 사정이 그러했다.

골방 속에서 숨쉴 수 있는 유일한 공기구멍 같은... 혹은 인질이 되어 잡혀 있는 상황에서 외부로 구원을 요청할 수 있는 생명선 같은 전화. 정작 소식도 없이 며칠을 증발해 버렸을 때 일어날 수 있는 가공할 만한 결과를 생각하자마자 미진은 새삼스레 전신이 떨렸다.

전화선은 살아있었다.

"그래도 이 폭우가 전화선은 끊지 않았네요. 그렇지 않았음 우리가 갑자기 증발해버렸다고 소동이 났을텐데......"

이진태가 먼저 전화를 사용하고 그가 방으로 돌아가자 미진은 그제서야 송수화기를 들었다. 모친은 이쪽의 사정을 도무지 알 리 없었다. 평소와 똑 같은 감정을 담은 평범한 목소리로 전화를 받고 있었다.

"엄마, 저예요. 별일 없수?"

"별일은 무슨 별일. 웬일이니?"

"나 오늘... 아니, 하루가 될지 한 주일이 될지 잘 몰라요. 헬리콥터가 날 구하러 오기 전에는 집에 당분간 집에 못 들어가요."

"뭐라고? 너 지금 무슨 잠꼬대냐?"

"무심코 강을 건넜거든요."

"가만 있거라. 지금 거기가 어디냐?"

"여기가 어디냐 하면요, Y휴게소 상류쪽으로 올라가서 강을 건넜다고 말하면 대충 알겠어요?"

"거긴 누구와 갔니? 왜 갔어?"

"엄마 한 가지씩 물어봐요. 친구가 경치도 좋고 음식도 맛있다고 해서 여기로 왔는데, 그때만 해도 날씨가 얼마나 맑았다구요."

"오후부터 장마 든다는 일기예보 못 들었냐?"

"평소에 신용 없는 예보여서 예사로 들었거든요. 그래서 징검다리 개울을 건너서 점심을 먹고 수다를 떨고 있었거든요. 개울로 돌아와서 보니 어느새 강으로 무섭게 변해서 건널수가 없게 됐어요."

"너 장난치는 거지? 설마 사람들이 사는 곳에서 강을 건널 수 없다니……"

"지금 농담하는 거 아니에요. 정말 갇혔단 말이에요!"

"거기가 어딘지 말해봐!"

"Y읍 대중음식점 '두메산골'"

"잘 한다. 그토록 외출을 삼가랬더니 정작 두메산골에서 길을 잃었군. 같이 간 친구는 누구냐?"

미진은 요 대목에서 살짝 거짓말을 해야 한다는 걸 느꼈다. 아무리 이해심 많은 모친이지만 결혼을 앞 둔 딸이 외간 남자와 며칠 밤을 함께 지샐 처지로 방치된 행동까지는 용서할 리가 없다고 생각한 것이다.

"순애요"

"순애?"

"왜 우리 집에도 한 번 왔었잖아요?"

"며칠 지낼만하니?"

"별 수 없잖아요. 그냥 참아야지."

"잘 알아서들 처신하고, 강물이 주는 즉시 서둘러 돌아오너라. 혹시 서 서방한테서 전화 오면 친척집에 보냈다고 말할게. 한번 더 다짐해 두지만 넌 결혼을 지척에 둔 처지라는 사실을 잊지 말어."

밤은 어김없이 찾아왔다.

주인집으로부터 멀리 떨어져 있는 아늑한 숲속의 외딴 별채. 창 바깥으로부터 들리는 낭만적이기조차 한 낙숫물 소리. 혹은 여름을 후들겨 패고 지나가는 비바람의 후련함. 마당의 감나무 잎사귀 뒤에 숨어 달빛 같은 그림을 만들고 있는 탐조등.

다시 방 안. 작은 방안에서 지척인 거리에 우습기조차 한 이불 두 채.

얼마큼은 민망하고 곤혹스런 서로의 숨소리, 밤, 어둠, 적당한 취기……

초저녁에만 하더라도 소일거리가 있었기 때문에 이토록 고즈넉함이 고통스러울 줄은 몰랐었다. 저녁을 사먹고 화토 한 모를 얻어와서 정작 무미건조한 고스톱을 둘이 몇 차례 쳤다.

"너무너무 재미없네. 뭐 다른 놀이 없을까요?"

"술 좀 마시러 나갈까요?"

"차라리 그게 낫겠네요."

할 일이 생각나지 않아 술을 마셔보기는 처음인 것 같았다. 둘은 거덜난 우산 한 개를 받쳐 쓰고 식당으로 가서 어느 새 출출해진 배를 동동주로 달랬다.

"비 때문인지 술도 안 취하는 것 같죠?"

"긴장 때문인지도 몰라요."

"나 때문이라면 긴장 푸시지요. 난 지금 결혼을 앞 둔 미진씨가 어떤 고민을 할지 충분히 이해하니까."

"고마워요. 가게에서 밤새 마실까요?"

"주인도 잠을 자야지요."

미진과 이진태는 얼마간의 안주랑 소주를 사들고 숙소로 돌아왔다.

아무리 화려한 언어를 주고 받아도, 아니 주고 받은 언어가 화려하면 할 수록 그 언어가 언어로써의 사명을 다하고 침묵으로 스러졌을 때 결국은 몸으로 부대낄 수밖에 없는 행사만 남게 되는 것일까. 무의식 중에서라도 두 사람에게는 바로 그런 위기감이 서로를 피곤하게 만들고 있는 게 분명했다.

"…… 술로 밤을 추방하는 방법이 있지요. 지쳐 쓰러질 때까지 눈 말똥말똥하게 뜨고 마시는 겁니다. 누군가가 와서 우릴 부른다면 그건 비가 그쳤으니 우리더러 떠나라는 신호가 되겠죠!"

묵묵히 소주잔을 들이키던 미진은 다소 엉뚱한 질문을 불쑥 꺼냈다.

"참, 진태씨의 애인 얘기 좀 해주세요."

이진태는 미간을 찌푸렸다. 그런 후 입을 앙다물었다.

"싫으시다면... 얘기로 밤을 지새는 방법이 되지 않을까 하는 생각에..."

"아닙니다. 괜찮습니다. 그 역시 방법은 되겠지요. 술에 골아떨어지든, 이야기에 골아떨어지든... 내가 애인 얘기 아직 안 했던가요?"

"양쪽 부모님께서 반대하시지만 어떤 난관을 무릅쓰고라도 결혼하겠단 얘긴 들었어요."

"그러나 결국 양쪽 부모님이 반대하시니까 일이 틀어지더군요."

"하지만 서로 사랑하는 사람들이 부모가 반대한다고 쉽게 이별해 버리는 것은 핑계가 아닐까요?"

"그쪽에서 헤어지자고 그랬습니다."

"그게 그분의 진심일까요?"

"진심이 아니라도 그렇게 되더군요."

"무슨 뜻이에요?"

"사랑하는 연인이 있었답니다. 서로를 너무너무 사랑했기 때문에 서로에게는 어떤 허물도 보이지가 않았대요. 그런 어느 날 남자가 장난말로 '우리 헤어져' 했대요. 여자도 장단 맞추느라고 '그래, 그게 좋겠어.' 그렇게 말했대요. 그런데 결국 헤어졌대요. 그게 이별이란 단어의 마력인 것 같아요. 그것이 농담인줄 뻔히 알면서도 연인의 자존심을 상처내는 가장 무서운 독소가 된 것이죠."

"그건 진태 씨의 경우?"

"나도 모르겠습니다. 헤어지자니까 나도 헤어져야 하나 보다라고 생각한 것 같아요."

"그건 진심으로 사랑하지 않았다는 게 아닐까요?"

"물론 방금 전에 내가 예를 들어 한 얘기는 내 경우와는 상관없는 스토리입니다만, 사랑과 결혼이 별개인 것처럼, 사랑과 이별도 별개의 문제로 생각되었으니까요."

"그렇게 담담해요? 상처는요?"

"상처라........ 옛 사람들은 '세월이 약이겠지요' 라고 했지만 요즘엔 '눈을 들어 다른 곳을 보라' 는 게 유행입디다!"

이진태는 공허하게 웃었다.

이진태와 이토록 오랜 시간을 진지하게 얘기하는 것은 처음이네. 참 괜찮은 사람이야. 그의 진심과 그의 본 모습은 어떤 것일까. 세련된 매너 말고 원시적인 본모습은......?

"저어, 진태씨. 언젠가 나한테 좋은 친구가 돼 주시겠다고 그랬지요?"

"새삼스럽게 왜 그걸 묻죠?"

"비약하지 마세요. 단순한 의미에서 말할 거예요."

"걱정 마세요. 내 판단착오로 이런 오지에 갇혔습니다. 천재지변이지만 내 책임이죠. 아무리 어쩔 수 없는 상황이지만 지형지물이나 입지나 상황이 나한테 유리하다고 해서 미진 씨를 범하는 따위의 프리미엄은 주워먹지 않을 겁니다. 그건 본래의 내 의도가 아니었다는 확실한 의지를 보여주는 행위로......."

그가 픽 꼬꾸라지는 모습을 미진은 애정어린 눈으로 바라보았다.

미진은 혼자 강가로 나왔다가 강물 위로 툭툭 떨어지는 빗방울을 보며 그 때 '비' 라는 단상(斷想)을 잡는다.

> 나는 한 줄기 한숨이다
> 비로 와서
> 하늘을 잡아당기는
> 인연이다 너는
> 풀잎의 내음과
> 돌멩이의 춤과
> 강상(江上)제비의 사색을
> 방울 하나로 땅의
> 모든 것을 끌어올리는
> 눈물이다 너는.

비는 이튿날도 그칠 기미가 도무지 없었다.

손목시계는 오전 열 시 오 분을 가리키고 있었다. 꽤 오랜 시간을 잠들었었다는 생각을 했다.

방문을 여닫고 가만히 나섰다. 빗줄기는 여전히 추적거렸다. 누가 버리고 간 것이겠지만 살 한 개가 떨어져 나가버려서 한쪽이 내려앉은 보랏빛 낡은 우산 한 개가 툇마루에 비스듬히 세워져 있었다.

미진은 그것을 집어들어 폈다.

천덕꾸러기로 굴러다녔겠지만 아직 그것을 버릴 만한 용기있는 주인이 없었기 때문에 다행히 생명이 유지된 그런 낡은 우산을 뒤집어 쓰고 마당을 가로질렀다.

아무도 보이지 않았다. 넓은 마당 주위로 어제만 해도 부산스럽게 손님들을 받던 주점의 빈 자리들이 을씨년스럽게 입을 벌리고 앉아 있었다.

주차장까지 걸어 나오는 동안 미진은 사람의 그림자라곤 하나도 보지 못했다. 누렁이 한 마리가 가랑비에 젖으며 이쪽을 흘낏 흘겨본 뒤에 주방 쪽으로 사라져 간 것이 생명체를 만난 전부였다. 누렁이도 손님 받기에 이력이 났는지 사람을 보고서도 짖기는커녕 관심도 주지 않았다.

광장에는 주인집 것인 듯한 타이탄 트럭 한 대가 대추나무 밑으로 기어들어가 있었다. 그 반대편으로 꼬리를 등진 채 어제 함께 타고 온 이진태의 감색 지프차가 덩그러니 서서 혼자 비를 맞고 있었다.

아무것도 아닌 것 같은 정경이라도 시인의 눈길 속에서는 감흥이 되는 것일까? 그 쓸쓸하고 공허한 지프차가 눈물을 흘린다는 느낌이었다.

이진태 그는 어젯밤 그렇게 말했었지. 이별은 진심과도 사랑과도 상관없는 일. 연인의 자존심에 상처내는 단어의 마력일 뿐이라는 것. 정말 그럴까. 그는 감정의 울림을 전연 전달시키지 않고 마치 남의 얘기하듯 자신에게는 아무 아픔도 없는 것처럼 멀어져간 연인을 읊고 있었어.

속으로 울먹였을 거야. 아파했을 거야. 심장의 거대한 떨림에도 불구하고 죽음 같은 침묵만을 사랑하면서......

이진태한테는 건네주지 않았지만 그의 연인과의 '이별'을 대신 아파하면서 미진은 또 한 편의 시를 남긴다.

바람꽃 피듯 사랑아
너는 어디에 있지
파란 꿈 하나 구름 속까지
내 품안에서 저어 올리더니
어디에 있지 내 사랑아 너는
눈물 방울 한 개쯤은
가슴에 남겨 두어라.
책갈피에 꽂는
네 잎 클로버 같은
추억 같은 것 상처 같은 것
아무렇지도 않아
내 사랑아 너는
울지 않기로 하렴
바람꽃 지듯.

불과 이틀 동안 강 건너편의 삶을 잊어버리고 있었다. 그 동안 전화라도 한 통화쯤 있었으면 바깥 세상에 대해 긴장이라도 했을지 모를 일이다. 만일 텔레비전이나 하다못해 싸구려 라디오라도 한 대쯤 숲속의 방에 나뒹굴고 있었더라도 세상을 기억하며 살았을 것이었다.

그렇지만 아무 것도 없었다. 하루 두어 끼 정도의 식사를 주막으로 나가 의무적으로 챙겨먹었고, 한 끼니는 술과 안주로 대충 때우는 식의 개미 쳇바퀴 돌 듯 그런 일상이 굴러갈 조짐이었다.

미진은 강 건너쪽에 이쪽과 연관지어진 어떤 사람들이 살고 있다는 사실을 점점 잊어갈 수밖에 없었다. 심지어 자신이 얼마 있지 않아 서치후와 결혼식을 올려야 된다는 사실까지도 기억 속에서 거의 퇴색되어 있었다.

그러니까 이런 이상한 생활이 다만 무료할 뿐 살인적인 고독까지는 느껴지는 게 아니었다. 옆에 이진태가 있기 때문이었다. 최소한도 무인도의 로빈슨 크루소가 대화의 상대를 앵무새한테서 찾은 사실보다 인간 이진태가 훨씬 소망스러운 존재였다.

비록 그가 결혼 상대자로서는 무관한 사람이지만 언제라도 이성으로 탈바꿈될 수 있는 상대였다. 그렇지만 이틀을 함께 지내는 동안까지는 그가 이성(異性)일 것을 한사코 거부했다. 그런 느낌도 어느 정도 연습이 되었기 때문인지 점차 그에 대한 불편도 희석되는 것 같았다.

이진태와의 생활이 현실적으로 그토록 불편할 건 없었다. 주인집에서 이쪽을 어떻게 보느냐의 문제인데, 오전에 식수를 얻으러 주전자를 들고 부엌으로 나갔다가 그때 주인 여자가 대해주던 친절도 미진에게 편안함을 더해주었다.

"무어, 불편한 건 없어유?"

"특별히 불편한 건 없지만 설사 있더라도 별 도리가 없잖아요?"

"그렇게 생각하니 다행이네유. 보니까 잘 어울리는 쌍이네유."

"그렇게 보였어요?"

"결혼할 사이세유?"

"그건 어떻게 아셨죠?"

"서로 존댓말 쓰는 거 보고 알았지유. 참 괜찮아 보여유. 요즘 젊은 것들 맞닥뜨리기만 하문 탕탕 말을 놓아버리던데유. 결혼할 사이면서도 서로 존댓말 쓰는 거 보니까 보기 좋고 듣기 좋네유."

미진은 난처한 얘기가 더 나오기 전에 얼른 한 마디 던져놓고는 돌아나왔다.

"얼마나 더 머물게 될지는 모르지만 잘 부탁드립니다."

"그래유. 성의껏 돌봐드리겠어유."

미진은 돌아와서 이진태한테 아무렇지 않게 말해줄 수 있었다.

"우리더러 결혼할 사이냐고 묻더군요."
"그래서요?"
"그렇다고 그랬죠 뭐. 그게 편하니까."
"왜 신혼부부로는 봐주지 않을까요?"
"우습지요. 서로 존댓말 쓰는 걸 들었다나요."
"존댓말 쓰면 결혼할 사인가?"
"그게 좋은 인상으로 비춰졌나 봐요."
오후였다.
이진태는 화투짝을 펴들어 열심히 늘어놓고 있었다. 장마에 갇혀 있다가 의도하지 않는 행동을 혹시 미진에게 터뜨리게 되지 않을까, 혼자 화투짝에만 열중함으로써 그런 걱정을 누르는 듯해 보였다.
그러나 끝내는 그는 견디지 못하겠는지 화투짝을 때려 엎으며 소리질렀다.
"도대체 이게 뭡니까? 나갑시다. 우리 뒷산으로 산보라도 나가 보자구요. 미칠 것 같지 않아요?"
"비가 오는데..."
"소리 질러서 미안해요. 이상 분위기라고 느낄 때 대처능력을 발휘하지 않으면 미쳐버릴 게 필십니다."
"맞아요. 그런 주장이... 진태씨다운 삶의 순발력이 되겠군요. 어서 나가요."
바깥으로 나오는 순간 벌써 언제 그랬느냐는 듯 기분이 맑아졌다. 뒷산으로 산보 가자던 이진태의 아이디어는 꽤 괜찮아 보였다.
언덕으로 가는 오솔길은 인간의 족적이 끊긴지 꽤 오래돼 보였다. 아니라면 우기 속에서 단 이틀 동안 저토록 무성하게 수풀이 자랐는지도 모를 일이었다. 어찌되었건 낙엽수와 상록수로 뒤엉킨 숲속에서 경치를 즐긴다는 건 어려워 보였다.
"비가 오니까 새들도 울지 않는가 보죠?"

미진은 주위를 두리번거리며 중얼거렸다.

"이런 날은 둥지를 틀고 앉아 잠을 자겠지요. 정말 다람쥐 새끼 한 마리 안 보이네."

"우리들의 여름은 빗소리뿐이군요."

"이제 한 그 말 한 소절의 시구군요. 어쨌든 미진 씨, 슬프지만 우리 퇴각합시다. 모험이고 관광이고 탐험이고 도저히 안 되겠습니다. 차라리 표류라도 됐으면……"

망가진 우산 한 개를 그나마 둘이 받쳐들고 올라왔기 때문에 한쪽씩의 어깨들이 벌써 젖어버렸고, 풀잎사귀를 통과하는 동안 둘의 옷들을 허벅지까지 물기가 차올라 있었다.

빗줄기가 굵어질 때마다 이진태는 미진을 우산 속으로 끌어넣기 위해 어깨를 더욱 조였다. 언덕의 내리막길을 누구랄 것도 없이 미끄러질 때마다 이진태는 본능적으로 미진을 더욱 세게 껴안았다.

미진은 그에게서 비에 젖은 남성의 야릇한 체취를 느낄 수밖에 없었다. 얼마나 오랜 시간을 둥지 속의 다른 삶을 살아갈 수 있을지 의심되기 시작했다. 이성(異性)이면서 이성끼리의 자연스러운 흡인력을 잔인하리만큼 엄격하게 이성(理性)으로 지킨다는 일이 위선이며 지옥일지도 모른다는 자기부정의 위기감도 왔다.

옷들은 완전히 젖어 있었다. 갈아입을 옷이 있을 턱이 없었다.

"어째서 이런 일이 생길 거라는 계산은 못했을까."

이진태는 한심스럽다는 생각이 들었는지 자신에게 투덜거리고 있었다.

"별수 없잖아요. 젖은 옷을 벗어 말려야죠. 따끈따끈하게 방에 군불을 때어 놓았군요. 아랫목에 벗어 말립시다."

"입은 채 말리지요, 뭐!"

"각자 돌아서서 똑같이 옷을 벗기로 합시다. 그런 후에 이불로 재빨리 몸을 감싸세요. 괜찮은 생각이죠?"

"창의 커튼을 쳐 주시겠어요?"

"됐어요?"

"아직은요."

"슬쩍 돌아봐도 됩니까?"

"순간 장님이 되고 말 거예요."

"아직도 멀었어요? 여름철 옷가지가 수십 가지일 턱이 없을 텐데……"

푸석거리던 소리가 잠잠해지고 미진의 대꾸가 없자, 이진태는 뒤를 돌아보았다. 미진은 얼굴만 이불 밖으로 내놓은 채 그새 방의 한쪽 구석 자리로 가서 쪼그리고 앉아 있었다.

놀랄 만한 사건이었겠지만 이틀째의 밤을 둘은 알몸이었는데도 불구하고 아무 사고없이 저녁도 굶은 채 편안하게 잘 잤다. 동아리 여행에서 이틀째 밤이 무감동의 시간대라고 했지만 이번의 경우는 분명 그런 사실과는 상관없는, 시간대 속을 헤매고 있다고 미진은 생각하였다.

오전 열 시쯤에서 식당으로 나갔더니 주인 여자의 태도가 어제와는 확연히 달라졌다는 사실에 대해 당황했다. 싹싹한 말투나 친절한 배려 따위는 도무지 찾아볼 수가 없었다,

그러려니 하고 무시한 채 식사를 끝내고 일어서려는데 그제서야 주인 여자가 미진을 불렀다.

"색시, 나 좀 봐유."

"저요?"

"색시한테만 따로 할 말이 좀 있수."

이진태가 가랑비를 맞으며 숙소 쪽으로 먼저 달려간 뒤에야 미진은 주인 여자 쪽으로 다가갔다.

"무슨 일인데요?"

"전화 왔었수."

"무슨 전화요? 어디서요?"

주인 여자는 김칫거리 배추를 신경질적으로 털어내며 말했다.

"내가 아우. 색시 약혼자라던데."

그 때문이었구나. 주인 여자의 쌀쌀맞은 행동이… 그건 그렇더라도 이건 약속이 틀려. 내가 친척집에 간 것으로 말한다더니… 한심한 엄마. 약혼자 서치후한테 딸의 난감한 신상을 알려줘서 딸의 이미지에 먹칠할 건 또 뭐가 있어.

그 전화는 몇 시에 왔고, 어떤 말을 했는가를 물으려다 주인 여자가 워낙 완강하게 입술을 닫고 있었으므로 질문을 포기했다.

그 때만 해도 미진은 서치후의 원치 않은 전화였지만 좋은 쪽으로 만 해석했다.

미진은 모친에게 전화를 걸어 따져볼까 하다가 굳이 그럴 기분이 아니어서 그냥 방으로 되돌아 왔다.

"무슨 일이 있습니까?"

이진태는 궁상스런 자세로 앉아 화투짝을 방바닥에 툭툭 던지다말고 올려다보았다.

"아무일도 아녜요."

"이런 고장에 하천댐 공사를 왜 아직 안 했을까? 마을이 워낙… 아니지. 마을도 아니려니와 여긴 그린벨트 지역이 틀림없겠죠. 결국 '두메산골' 은 불법영업을 하고 있고 모모한 분들이 음식을 먹으러 오고……"

"지금 무슨 얘길 하고 계시는 거예요?"

"손은 바쁜데 입이 심심해서 동시에 바쁜 척 의미도 없는 말을 중얼거려 봤죠. 근데 주인아줌마가 안 좋은 소리라도 합디까?"

"아아뇨."

"십분 전과 십분 후의 미진씨 기분이 너무 달라져 있길래 추측해 본 겁니다."

"신경 쓸 거 없어요."

"그러죠 뭐. 헌데요. 이곳이 아직도 수몰되지 않은 이유를 가만히 생각해 보니……"

"진태씨, 그런 얘기들이 우리에게 왜 필요하죠?"

"세상에 필요한 얘기만 하고 삽니까? 헌데 미진 씨, 갑자기 신경이 날

카로워졌습니다."

"진태씬 우리가 얼마나 오랜 시간을 함께 있었는지 알고나 계세요?"

"계산해 보진 않았지만 사흘째인 것만은……"

"갈등의 시간대인 걸 아세요?"

이진태는 미진이 갑자기 공격적이 되고 있다는 사실에 어처구니없어 하는 표정을 지었다. 그는 무슨 말인가를 다시 하려다 말고 꾸욱 눌러 참는 기색이었다.

이진태는 화투짝을 팽개친 뒤 창가로 걸어갔다.

"아, 모처럼 햇살이 나왔습니다. 강물은 또 얼마나 줄었는지 우리 나가 볼까요?"

"혼자 나갔다 오세요."

이진태는 미진을 잠깐 흘겨보다 말고 혼자 밖으로 나갔다.

지프차를 부르릉거리고 있는데 오른쪽 차창을 두드리는 소리가 났다. 이진태가 돌아보니 어느 새 미진이 조금전 표정과는 정반대로 활짝 웃으며 거기에 서 있었다.

미진의 변덕에 두 손 모두 들었다는 뜻으로 웃고 나서 무지를 까딱 흔들어 올라 타라는 시늉을 했다.

"혼자 방에 있으려니 무서워서 도저히 안 되겠더군요. 어쩜 그럴 수가 있어요. 한번쯤 더 나가자는 권유를 할 줄 알았는데."

모처럼 해가 얼굴을 내밀었지만 하늘의 곳곳에는 여전히 먹구름이 걸려 있어서 언제 햇볕을 집어삼킬지 몰랐다.

강물은 어제보다 더욱 불어 있는 것 같았다.

강변에는 아무도 없었다.

흙탕물인데도 물결은 햇살에 부딪쳐 반짝반짝 보석처럼 빛나는 것이 묘한 신비감을 불러 일으켰다.

제비 두어 마리가 빠른 속도로 수면을 잘라나갔다.

이진태는 미진의 어깨에 자연스럽게 팔을 얹었다.

"우리만 있는 줄 알았는데 엉뚱한 친구가 또 하나 있군."

이진태가 싫은 듯 중얼거리고 있었다.

"어디요?"

"저기."

턱으로 강 건너편을 가리킨 이진태는 돌멩이 한 개를 집어들더니 그쪽에 노골적인 적의를 보내듯 팔매질을 했다. 돌멩이는 파도 때문인지 매끄럽게 수면 위를 미끄러지지도 못하고 금세 물속으로 가라앉고 말았다.

피안(彼岸)의 사람은 젊은 남자인 듯했다. 그는 이쪽에 망원경을 들이대어 보고 있었다. 한참을 그러고 있더니 이번에는 손까지 마구 흔들었다.

"미친 자식, 지금 누구 약올리는 거야? 갇힌 걸 뻔히 보고서 비웃는 거야?"

투덜거리던 이진태는 건너편 사내에게 이번에는 커다랗게 쑥떡을 먹였다.

미진은 아까부터 피안의 남자를 쏘아보고 있었다. 건성으로 훑으며 쳐다보는 것이 아니라 파랗게 불꽃이 이는 눈길로 눈총을 쏘아보내고 있었다.

"아니, 왜 그래요?"

놀라서 이진태가 물었지만 미진은 요지부동이었다.

건너편 남자는 두 손으로 나팔을 만들어 차안(此岸)을 향해 무어라고 소리까지 치고 있었다. 그러나 워낙 먼 데다 물소리까지 요란해서 남자의 소리가 들릴 리 없었다.

"저녀석 좀 봐, 이번엔 환영나팔까지 불고 있네. 우리가 건너갈 수 없다는 사실을 알고 아쭈 겁 없이 놀고 있네. 에라이 미친 자식, 한 개 더 쳐먹어라."

이진태는 커다랗게 쑥떡을 만들어 피안으로 다시 멋지게 던져 보냈다.

침묵으로 시종일관 심지어 살기까지 어린 듯한 눈길을 날려보내는 미진을 눈여기며 이진태는 그제서야 무슨 감을 잡는 듯했다.

"아는 사람입니까?"

못들은 척 한참 동안 전신을 경직시키고 있던 미진은 드디어 한 마디 내뱉었다.

"가요!"

"뭐라구요?"

"숙소로 돌아가요."

"벌써?"

"싫으면 나 먼저 들어갈게요."

"왜 그래요?"

"아실 거 없어요."

"또 내가 지는군."

별 수 없이 미진을 태운 이진태는 차를 돌리지 않을 수가 없었다.

주차장에 차가 미쳐 서기도 전에 미진은 차에서 뛰어내리고 있었다. 그녀는 주인집 쪽으로 달음박질하듯이 종종 걸음쳐갔다.

미진은 전화기 앞에 서 있었다.

심호흡을 두어 번 올리고 나서야 통화가 떨어졌다.

미진은 착 갈아 앉은 목소리로 말했다.

"엄마."

"아, 미진이냐, 괜찮냐? 오늘 밤을 고비로 이 지긋지긋한 장마는 걷힌다더라만……"

"왜 알려줬어요?"

"뭘?"

"약속이 틀리잖아요?"

"무슨 약속?"

"치후씨한테는 내가 친척집에 다니러 갔다고 엄마가 돌려대기로 했잖아요."

"아, 그거… 그래 전화가 걸려왔었니?"

"적접 통화는 못했지만, 갸륵한 인간 현물이 왔다니까요."

"현물이 뭐냐?"

"직접 여기까지 찾아왔다는 말이에요."

"오, 그래? 그래서 함께 돌아오는 거니?"

"엄마, 나 지금 얼마나 화가 나 있는 줄 아세요?"

"뭣 때문에?"

"내가 이런 곳에 있다는 사실을 왜 치후 씨한테 알렸어요?"

미진은 흥분해 있었고, 전화기 속의 모친은 딸의 생각을 조금도 이해 못하고 있었다.

"난 또 뭐라구… 그건 말이지, 시골에서 갑자기 서 서방 부모님이 올라오셨다고 하면서 너를 보고 내려가시겠다고 하니 어떻거니. 그래서 서 서방에게 네가 그럴 처지가 못된다고 하면서 말해 주었지!"

미진은 심호흡을 다시 한번 크게 한 뒤 여전히 차가운 목소리로 말했다.

"엄마, 나 아직 갈 수 없어요."

"왜?"

"강물이 빠져야 건너갈 게 아녜요!"

"서 서방을 만났다면서?"

"만난 게 아니라… 우리가 견우직녀는 아니지만 강을 사이에 두고 바라보기만 했단 말이예요. 망원경까지 들이대고선……"

"자상도 해라. 제 색시 보고 싶어서 그렇게라도 널 보겠다고 찾아갔으니……"

"엄마는 내가 지금 누구하고 함께 있는 줄이나 아세요?"

"순애라든가 뭔가 하는 애하고 같이 있다면서?"

"남자예요."

"뭐, 남자?"

"엄마도 잘 아는 남자예요. 이진태씨 말예요."

“뭐? 왜 그 사람하고 같이 있어?”
“엄마가 걱정하는 그런 일은 없어요.”
“……다행이다, 끝까지 처신 잘 해라. 그럼 서 서방하고는 말 한마디 제대로 못 나눴겠구나.”
“서 서방 서 서방 하지 말아요, 엄마!”
“얘가 왜 이렇게 흥분하니. 가만 있거라. 네가 그렇게 화를 내면 안되지. 서 서방은 네가 염려되어 비가 이렇게 오는데도 그 곳까지 갔는데……”
“엄마, 그 서서방이, 내가 염려가 되면 불문곡직하고 헬리콥터라도 몰고 오던가, 수영을 해서라도 건너와야지… 대책도 없이 와서 망원경으로 이쪽을 살피는 게 잘한 거에요? 이쪽에서 보면 감시로 밖엔 이해할 수가 없단 말예요!”
사태의 심각성을 점차 눈치채고 있는지 엄마는 한참만에야 떨리는 목소리로 물었다.
“그럼 다른 사람들 식구들은 전화만하고 그 근처엔 나타나지 않았니?”
“다른 사람들이요?”
“…… 도대체 거기 몇 사람이나 갇힌 거니?”
“엄마, 불행히도 우리 둘만 달랑 갇혔단 말예요!”
“저런! 이걸 어떡하니!”
“됐어요. 지금 형편에서는 그 어떤 묘안도 없어요. 전화 끊을게요.”
미진은 사정없이 송수화기를 놓아버렸다.
방으로 돌아왔더니 이진태는 태평스러운 자세로 열심히 화투장을 만지고 있었다. 무슨 일이냐고 물어주지 않는 사실이 더욱 얄미웠다.
그렇지만 미진은 그에게 말을 걸지 않았고, 이진태 역시 반 시간이 지나도록 침묵을 고수하고 있었다.
그때였다. 바깥 툇마루 쪽의 벨이 요란하게 울었다.
“어머, 저게 뭐예요?”

별 수 없이 미진이 먼저 입을 연 꼴이었다. 이진태가 화투짝을 흩어버리며 자리에서 슬며시 일어났다.

"주방과 이쪽 별채와 연결되는 인터폰이요."

이진태도 기분이 상해있는지 심드렁한 말씨로 그렇게 튕기듯 던져놓고는 방문을 닫고 있었다.

웅얼웅얼하는 이진태의 목소리가 방으로까지 흘러 들어왔다. 어떤 대화를 하고 있는지 자세히 들리지 않았다. 더구나 말짱하던 하늘이 반 시간도 참지 못해 다시 세찬 소나기를 뿌렸기 때문이었다. 그런 빗소리가 이진태의 음성을 완전히 이쪽과 차단시켜 버렸던 것이다.

몇 마디의 대화가 이어지는가 싶었는데 이진태가 다시 방으로 들어서면서 빙긋 웃었다.

"뭐예요?"

"색시, 전화 받으랍니다."

"네에?"

"주인 아줌마의 말씨 그대로 옮겨드리는 겁니다. 색시, 이쪽으로 건너와서 전화 받아요."

미진은 석고처럼 그 자리에 앉아 있었다. 저것은 서치후의 전화야. 그는 나에게 어떤 메시지를 던질까. 나는 그에게 어떤 대꾸를 해야 할까.

결론 따위가 있을 턱이 없었다. 받을 언어도 없고 던질 언어도 생각나지 않았다. 짜증부터 났다. 그리고 절망적이 되었다.

이런 처지에서 가장 당당하게 내 앞에 서 있을 수 있는 약혼자 서치후 씨, 실상 나는 당신에게 드릴 단 한 개의 단어도 준지 못했습니다. 그런 나더러 어쩌라고 전화를 받으라는 겁니까? 최악으로 기진맥진해 있는 나한테, 그토록 너그럽던 당신이 갑자기 골리앗 같은 강자로 우뚝 서 와서 가련한 참새 한 마리를 때려잡기 위해 무서운 기세로 대포를 겨냥하고 있는 것입니까.

요지부동으로 앉아 있는 미진이 신경쓰였던지 이진태가 돌아앉은 자세로 슬며시 참견했다.

"어차피 받아야 될 전화라면 일찌감치 용단을 내리는 게 훨씬 좋습니다."

"……누구한테서 온 전화래요?"

"그 참 이상한 아줌마지요. 세 번씩이나 연거푸 물어도 전화한 사람의 정체를 말해주지 않는군요."

미진은 더 이상 묻지 않았다. 이진태의 말이 거짓말일지라도 그의 그런 배려는 고마운 일이었다.

미진은 그제서야 싫은 듯이 자리에서 일어섰다.

전화기가 놓여 있는 곳으로 갔더니 송수화기가 얌전하게 내려진 채 주인 아줌마는 보이지 않았다. 미진은 침을 한 차례 삼킨 뒤 가만히 송수화기를 집어 들었다.

"여보세요. 전화……."

"아, 미진씨. 서치후입니다."

"왜 전화했어요?"

"어떻게 전화를 걸지 않고 견디겠습니까?'

"망원경으로 보았으면 됐지. 무슨 말을 듣고 싶은 거예요?"

"미진씨. 지금 몹시 흥분하고 계시군요."

"그래요. 나 매우 흥분해 있어요. 감시하듯 하는 서치후 씨의 행동을 몹시 불쾌하게 생각하고 있단 말예요."

"감시라니요! 전혀 그런 의도는 없었습니다. 여유로운 태도로 있는 것을 보고 저는 다소 안심했습니다. 그리고 여기서 무슨 방법이 없을까하고……"

"그래서 방법을 찾았어요?"

"현재로선 신통한 방법을 찾지 못했습니다."

"모터보트를 한 척 몰고 오든가, 잠수함을 운전해 오든가, 구명 헬리콥터를 띄워 왔으면 난 금세 구조 될텐데요."

"헬리콥터를 알아보았는데 그곳은 생명의 위협을 당하는 곳이 아니라 더욱 화급한 곳으로……."

"치후씬, 그냥 집에서 약혼자의 안전을 위해 기도나 실컷 올리고 있는 게 훨씬 더 어울리는 사람 아니에요?"

"물론 지금도 기도를 드리고 있습니다."

"서치후씨, 여기 묶여있는 손님이 몇 명이나 되는 줄 아세요?"

"손님은 단 두 분이라고 주인아주머니께서 말씀 하셨습니다."

"저 말고 다른 손님이 젊은 남자라는 사실은 알고 계세요?"

"압니다."

"그 젊은 남자가 누구라는 것도 아셨겠네요."

"모릅니다. 알 필요도 없습니다. 만일 옆에 계신다면 약혼녀를 잘 보호해 달라는 부탁을 할 작정이었습니다만……"

"부탁을요?"

조금도 동요되지 않는 서치후의 대답을 듣자, 미진은 자신이 생각해도 다소 어처구니가 없게 흥분하고 있었다.

"불안하지도 않고 질투도 나지 않나요?"

"나도 인간이니 불안도 질투도 나지요. 그러나 미진 씨. 제가 이곳에 온 것은 미진씨가 지적하는 그런 이유보다도 탈출해 나올 때까지 부디 용기를 잃지 말고 힘내라는 뜻에서 입니다. 나는 미진 씨를 의심하지 않습니다."

미진은 갑자기 숨이 콱 막히는 것 같았다.

이진태가 처음부터 미진에게서 그런 증세를 느낀 것은 아니었다. 서치후와의 통화를 끝내고 돌아온 미진은 멀쩡해 보였다.

"뭐, 특별한 전화였습니까?"

물어주는 것이 예의일 것 같아 이진태는 아직도 화투장을 패대기쳐 가며 건성으로 물었다.

"그럼은요. 대단한 전화였지요."

"대단한 전화요?"

"위대하고 너그러우신 제 약혼자의 황송 간곡하신 문안 전화였다니까요!"

"위대하고 너그러우신 약혼자라……"

"아직은 무사하다고 말해줬죠."

"아직은 무사하다…무엇이?"

"몸도 마음도……"

"그랬더니요?"

"신의 권능으로 마귀의 권세를 이겨라! 이지요."

"호오, 부디!"

"…… 진태씨."

"예에."

"우리 무슨 놀이든 해요."

"어떤 놀이?"

"아무거나."

"화투밖에 없는데…"

"그것으로 놀아요. 그럼."

"고스톱을 할까요. 육백을 할까요?"

"난 고스톱이랑 육백도 조금 할 줄 알아요. 벌칙은 뭐예요?"

미진은 이진태의 맞은편으로 다가와서 털썩 주저앉았다.

"뭘로할까요?"

"옷 벗기기가 어때요?"

"하아, 좋죠. 미진 씨도 농담을 할 줄 아네요."

"이건 농담이 아니에요."

"농담이 아니면……"

그제서야 어떤 느낌을 받은 이진태가 미진을 빤히 쳐다보았다.

"진담이지요, 물론."

"진담이라면… 남녀가 한 방에서 옷을 벗는다…비에 젖은 옷을 말릴 때와는 사뭇 다른 건데요."

"어쨌든 해봐요."

"화투에 관한 한 내가 일급 꾼이라는 사실을 압니까? 나야말로 필승이

자본이라는 긍지로 하는 놈입니다."

"실력과 전략은 다르니까요. 어쨌든 게임은 겨뤄봐야 아는 거잖아요."

새삼스런 미진의 제의를 어떻게 받아드려야 하는지 약간 당황해하다가 이진태는 다시 다짐하듯 물었다.

"모르긴 해도 난 미진 씨의 옷을 브래지어 하나 안 남기고 홀딱 벗길지도 모릅니다. 그래도 괜찮습니까?"

"남의 실력을 그토록 막무가내로 과소평가하는 게 아네요. 내가 진태 씨의 팬티까지 벗기게 될지 누가 알아요?"

"누가 벗든……"

이상한 생각이 들었다. 벌써 두 번씩이나 옷을 벗었었다. 이진태는 극도의 자제력으로 미진을 침범하지 않았다. 이쪽의 무가내한 자제력을 도와주듯 미진도 철저하게 거부의 몸짓을 해 보였었다. 그런데 이번에는 미진이 자청하듯 옷 벗기를 원했다.

"미진씨, 결국 우리 서로가 이기고지고 하다 보면 함께 알몸이 될 수도 있습니다."

"룰이라는 걸 미리 정해 두죠."

"룰이 만능인 줄 압니까? 서로 알몸이 되었을 때 부수적으로 따라오는 섹스의 문제도 생각해 봤습니까?"

"섹스의 문제도 룰에 따라 처리되겠지요."

"어려워서 난 미진 씨의 말을 하나도 알아들을 수가 없습니다!"

"남녀간에 가장 자연스러운 접근을 룰로 정하면 되겠군요."

미진의 수상한 표정을 읽고 있던 이진태는 들고 있던 화투짝을 패대기치며 벌떡 일어섰다.

"왜 그러세요?"

미진의 얼른 이진태의 왼쪽 다리를 붙들었다.

"나가서 술이나 마십시다. 나는 갑자기 화투놀이가 싫어졌습니다."

"술은 내가 싫은데요."

미진은 낮았지만 단호한 음성으로 말하며 이진태의 다리로부터 팔을 풀었다.

"화투는 내가 싫습니다."

모처럼 이진태는 자신의 의견을 강하게 주장했다.

"그렇다면 공평하게 다른 게임을 구상해 봐요."

"공평?"

"함께 구상해 보자는 뜻 이예요."

"공통분모가 나올 것 같습니까?"

"안 나올 것 같아요?"

"동시에 함께 옷을 벗어버리는 게 목적이라면 혹시 모르죠."

"수단만 괜찮으면……"

"그래서 옷을 벗은 다음에 어떻게 할 겁니까? 다시 감정의 자연스런 룰에 맡기자는 말을 하고 싶은 거죠?"

"……왜요, 겁나요?"

"두려움보다 혐오감입니다. 난 미진 씨가… 아니죠. 나가요 우리. 우선 바람부터 좀 쐬고 들어와서 다시 생각해 봅시다. 시간은 무진장입니다. 그래도 늦지 않습니다. 아니, 역시 미진 씨는 내 의견에 동조하지 않겠지요. 우린 처음부터 의견 통일이 된 적이 없었으니까요. 그럼 이렇게 하죠. 미진 씬 여기 혼자 앉아 멋진 수단을 구상하고 난 주막으로 나가서 술을 퍼마시겠습니다."

이진태는 씨근거리며 소리질렀다.

"알겠어요? 미진 씨는 여기에 있고 난 주막으로 나갑니다. 따로따로…… 이건 순전히 내 아이디어이니까요!"

미진은 고개를 떨어뜨린 채 다소곳한 자세로 말없이 앉아 있었다. 그렇지만 이진태는 미진에 대해 공격의 고삐를 늦추지 않았다.

"날 가지고 놀지 말아요. 이젠 미진 씨의 주장 따위는 듣지 않겠습니다. 이건 내 주장이고 내 자유이니까요. 우리들의 감정이 왜 이렇게 엉클어졌는지 알고나 있어요? 이러다간 결국 우리 함께 미쳐버리고 맙니다."

이진태는 반 쯤 자신이 미쳐 있다는 생각을 했다. 미진은 평온하고 고즈넉한 자세로 안정되어 있는데 자신은 무원인의 발광을 앓고 있다는 느낌이었다. 자신은 발작을 떨고 있는데, 미진은 무감동과 무감정으로 버티고 있다고 생각하니 더욱 이성을 잃어가게 된 것이다.

아니었다. 결코 미진은 홀로 버티고 있었던 게 아니었다. 그것은 잘못본 사태판단이었다. 집단 히스테리에서 홀로 고고할 수가 없다는 진리는 이 작은 공간 속에서도 마찬가지였다.

미진의 조용한 입술로부터 뜻하지 못했던 새파란 명령이 떨어져 나온 것이다.

"앉아."

"뭐요?"

"앉으라니까."

"왜?"

"잔말말고 앉아."

"뭐? 잔말말아?"

"그래, 잔말말고 앉아."

"왜, 이래요?"

"이진태! 아직도 내 말을 안 들어!"

미진은 느닷없이 화투짝을 한 움큼 쥐어서는 이진태의 얼굴로 흩뿌렸다. 던지고 다시 던졌다. 던지다 말고 그나마도 바닥이 나자 베개를 집어들어 이진태의 가슴에 펴안겼다. 괴성과 욕설을 뒤섞여가며 눈에 띄는 방 안의 모든 것들, 빈 물주전자와 제 숄더백과...... 그것들을 닥치는 대로 이진태를 공격목표로 던지기 시작했다.

이진태도 처음에는 화를 냈다. 그러다 당황하기 시작했다. 미진의 허옇게 뒤집혀진 눈동자를 보았기 때문이었다. 그는 끝없는 수세에 몰려 허둥거렸다. 그런 와중에서도 미진은 서서히 진정될 것이라는 희망을 잃지 않았다.

그렇지만 그런 기대는 만사휴의였다. 그녀의 히스테리는 발광의 심도를 더해갔고 처방책 따위가 떠오를 리 없었다. 그는 끝없이 미진에게 얻어맞기만 했다.

기어코 미진은 던질 그 아무것도 눈에 보이지 않자 이번에는 유리창문을 향해 돌진했다. 작은 주먹으로 창유리를 치려는 순간 간발의 차이로 이진태가 막았다.

"미진 씨! 왜 이래요? 미진 씨! 진정해요!"

공격 목표를 잃어버린 미진은 더욱 큰 괴성을 질렀고, 두 주먹으로 이진태의 가슴을 사정없이 때렸고 손톱으로 할켰다.

미진이 제풀에 지쳐난 듯한 몸짓을 하더니 느닷없이 반대편 구석으로 달려갔다. 그녀는 재빠른 솜씨로 옷을 벗어 조각조각 공중으로 내팽개쳤다. 한동안 이진태는 멀거니 서서 미진의 그런 짓을 바라보고만 있을 수밖에 없었다.

금세 알몸으로 변한 미진이 이번에는 다짜고짜 제 머리카락을 쥐어뜯기 시작했다.

"미진 씨! 이러지말아요."

엉겁결에 달려간 이진태는 미진의 알몸을 덥석 부둥켜 안으며 그녀의 몸부림을 제지했다. 미진은 행동반경이 제약되자 이번에는 꺼이꺼이 울면서 이진태의 얼굴을 거의 씹어먹을 듯이 입술로 핥기 시작했다. 그런 순간순간 후들거리는 손짓으로 남자의 옷을 사정없이 벗겨내려갔다. 드디어 이진태도 알몸이었다. 알몸의 이진태는 나신의 미진을 안고 이불쪽으로 건너갔다. 발가락으로 요를 펼친 이진태는 바둥거리는 미진을 요 위에 가만히 눕혔다.

정사(情事)는 끝났다. 격정의 시간은 지나갔다. 환희와 희열이었다기보다 길고 긴 어둠의 터널을 마침내 빠져나온 기분들이었을까. 그 암울하고 답답한 굴속을 벗어나올 때까지 남녀는 뜨겁게 뜨겁게 서로 사랑함으로써 존재를 확인하고 있었을까?

미진의 비명소리도 거친 괴성도 조용히 잠들었다. 그녀는 착하고 여린 조그마한 참새의 작은 심장을 팔딱거리며 남자의 품 속에 있었다. 얼굴을 남자의 가슴에 묻고 정적처럼 가라앉아 있었다.

미진은 한참만에야 졸리운 듯한 목소리로 한 마디 중얼거렸다.

"나 좀 자고 싶어.........."

이진태는 승낙의 사인처럼 그녀의 등을 가볍게 토닥거렸다.

김병총

고려대학교 교육대학원 졸업
동아일보 신춘문예 동화 '연과 얼굴과' 당선
한국문인협회 회원
서대문문인협회 고문

서대문문인협회 회칙

2004. 2. 7 제정
2009. 11. 6 개정

제1장 총칙

제1조(명칭) 이 회는 서대문문인협회(이하 "이 회"라 한다)라 칭한다.

제2조(목적) 이 회는 회원의 친목을 도모하고 권익을 옹호하며, 문학인의 자질향상과 향토문학 발전에 기여한다.

제3조(소재지) 이 회의 사무소는 서울특별시 서대문구에 둔다.

제2장 사업

제4조(사업) 이 회는 제2조의 목적을 달성하기 위하여 다음과 같은 사업을 한다.

1. 회원 상호간의 협동 단결에 관한 일
2. 회원의 권익옹호에 관한 일
3. 문학 심포지엄 개최
4. 시화전 및 시 낭송회 개최
5. 동인집 발간

6. 회보 발간

7. 문학상 시상

8. 기타 이 회의 목적 달성에 필요하다고 판단되는 일.

제3장 회원

제5조(회원)이 회는 정회원과 준회원으로 구성한다.

제6조(회원의 자격)이 회의 회원은 다음과 같다.

1. 정회원은 서대문구에 주소를 둔자.
2. 서대문구에 직장을 둔자는 이사회의 승인을 받아 정회원이 될 수 있다.
3. 준회원은 타 지역에 거주하지만 이 회에 가입을 원하는 자.

제7조(회원의 권리)이 회의 회원은 다음의 권리를 가진다.

1. 회의에 참석 할 권리
2. 의결권
3. 선거권 피선거권,(다만 준회원은 피선거권을 가질 수 없다.)
4. 이 회의 회칙을 준수 할 의무.
5. 이 회에서 의결한 사항을 준수 할 의무.

제4장 임원

제8조(임원의 종류)

1. 이 회에 다음의 임원을 둔다.
   1. 회 장: 1명
   2. 부회장: 10명
   3. 이 사: 30명 이내(각 분과별 회원 수를 감안하여 선출 함)
   4. 감 사: 2명
2. 회장이 필요하다고 인정 할 때에는 수석부회장과 상임이사 각1명 씩을 둘 수 있다.

3. 제1항 및 제2항의 임원 이외에 고문, 명예 회장과 자문위원을 둘 수 있다.

제9조(임원의 선출)

1. 회장. 부회장. 감사는 총회에서 선출한다.
2. 이사는 각 분과의 추천을 받아 회장이 임명한다.
3. 고문. 자문위원은 회장의 자문에 응하며, 회장이 위촉한다.
4. 명예회장은 직전 회장이 된다.

제10조(임원의 임기)

1. 회장의 임기는 2년으로 하며, 1차에 한하여 중임을 할 수 있다.
2. 회장 이 외의 임원의 임기는 2년으로 한다.
3. 임원의 임기 중 결원이 생긴 때에는 이사회에서 보선하고, 그의 따른 임기는 전임자의 잔여기간으로 한다. 다만 임원의 잔여 임기간이 1년 미만일 경우에는 이사회에서 보선한다.

제11조(임원의 임무)

1. 회장은 이 회를 대표하며, 각종회의를 소집하고 그 회의의 의장이 된다.
2. 부회장은 회장을 보좌하며, 회장 유고 시에는 수석부회장이나 회장이 지명 하는 부회장이 그 직무를 대행한다.
3. 이사는 이사회에 출석하여 이 회 업무에 관한 사항을 심의, 의결하며 이사 회 또는 회장으로부터 위임 받은 사항을 처리 한다.
4. 고문, 명예회장, 자문위원은 이사회에 참석하여 의견을 개진 할 수 있다.

제12조(감사의 직무)감사는 다음의 직무를 행한다.

1. 이 회의 재산상황을 감독하는 일
2. 이사회의 운영과 그 업무에 관한 사항을 조사하는 일

3. 감사결과 부정 또는 불법한 경우가 있을 경우, 이사회 또는 총회를 소집하 여 그 시정을 요구한다.
4. 총회 및 이사회의 의사록에 기명, 날인 하는 일

제5장 회 의

제13조(회의의 종류)
1. 정회는 정기총회 및 임시 총회로 구분한다.
2. 정기총회는 매년 12월에 개최하고, 임시총회는 회장이 필요 할 경우나, 이사의 3/2 또는 회원의 과반수의 요구가 있을 때 소집한다.
3. 이 회의 모든 회의는 재적회원 삼분의 일 출석으로 개회하고, 출석회원 과반수의 찬성으로 의결한다. 다만 가부동수인 경우엔 의장이 결정한다. 단 불참자는 위임장으로 갈음 할 수 있다.

제14조(총회의 기능)총회는 다음 사항을 의결한다.
1. 임원(회장, 부회장, 감사)의 선출에 관한 사항
2. 회칙의 제정 및 개정에 관한 사항
3. 예산 및 결산의 승인
4. 사업계획 승인
5. 회장이 부의하는 사항
6. 회비 책정에 관한 일
7. 문학상 선정에 관한 일
8. 이사회는 회장, 부회장, 감사, 이사, 명예회장이 참석한다.

제6장 운영기관

제16조(사무국)
1. 이 회의 사무를 효율적으로 수행하기 위해 사무국을 둔다.
2. 사무국에는 사무국장과 사무차장 등 필요한 직원을 두어 사무를 관리토록 한다.

3. 사무국장은 회장이 임명한다.
4. 사무국의 내규는 이사회서 별도로 정한다.

제7장 재 무

제17조(회계년도)이 회의 회계연도는 정부의 회계연도에 따른다.

제18조(재정)이 회의 재정은 회비, 후원금, 지원금, 특별회비, 찬조금, 기타 수입금으로 충당한다.

제19조(지출)모든 지출행위는 회장의 결재를 받은 후 지출한다. 다만 회장이 부재중이 거나 긴급을 요하는 사항, 통상적인 공과금 등은 선 집행하고 즉시 회장의 결재를 받아 투명하게 운영한다.

제8장 (상벌 등)

제20조(표창)이 회에 공적이 많은 자에게는 표창을 할 수 있다.

제21조(징계)회원이 회원의 명예나 위신 또는 재산상의 손실을 가져왔을 때에는 이사 회 의결에 따라 징계 할 수 있다.

제22조(서대문문학상 규정)

1. 회원 누구나 추천 방식으로 한다.
2. 당해 년도에 타 문학상을 수상한 문인은 제외하며, 문학상 부분은 대상과 본 상으로 결정하되 필요에 의해 장려상을 수여할 수도 있다. 대상은 금1돈, 본 상은 금 반냥으로 하되 장려상은 그에 걸 맞는 상품으로 한다.
3. 당해 년도에 집필한 저서가 있어야 함을 원칙으로 하나, 그 오 시 10편 (동시, 시조포함) 수필5편, 단편소설 2편, 아동문학 2편, 장편소

설 1편을 당 해 년도에 문학지에 집필되어 출간되어야 한다.

4. 서대문문인협회 회원이어야 하며 임기 내 회장은 제외한다.

5. 본 회에 공헌이 있어야 한다.

6. 심사위원회를 구성한다.

부 칙

이 회칙은 총회의 승인을 받는 날로부터 시행한다.

서대문문인협회 임원명단

구 분	성 명	연 락 처	구 분	성 명	연 락 처
고 문	이상보	010-9855-8774	감 사	김재기	011-9025-3236
고 문	서석규	011-9006-2951	상임이사	이강홍	011-720-7577
고 문	박진환	010-9968-6786	이 사	임수홍	011-9168-7739
고 문	강인섭	010-5222-5657	이 사	문균자	016-213-8969
고 문	김환옥	02) 3217-1592	이 사	노연식	010-7573-8014
고 문	김계덕	010-2374-1418	이 사	정일옥	02) 337-4367
고 문	성준기	010-2077-9353	이 사	신덕재	011-9770-0336
고 문	김병총	011-304-2316	이 사	김성자	019-439-0590
고문자문역	장원의	011-275-6146	이 사	김시현	010-6336-6943
명예회장(고문)	김선태	010-2014-7547	이 사	류미경	017-364-4550
자문위원장	김송배	010-3797-8188	이 사	백수복	010-3745-7089
자문위원	이강수	010-3955-1942	이 사	김철영	010-5387-5759
자문위원	정광수	010-6660-3674	이 사	김지원	010-8758-2350
자문위원	강석호	011-219-0272	이 사	이 산	010-5472-0202
자문위원	신순예	010-9610-0228	이 사	임인진	010-7166-5645
자문위원	한분순	010-5304-0397	이 사	김창란	011-221-0162
자문위원	임춘원	010-7656-2560	이 사	김진중	010-6863-4114
자문위원	이종기	010-5533-2959	이 사	배석술	011-729-4618
회 장	서성택	010-5233-7890	이 사	최석명	011-711-2585
부회장	차혜숙	017-232-2569	이 사	한규동	010-5390-5656
부회장	우숙자	010-4372-0109	이 사	홍종희	011-307-8588
부회장	최금녀	010-2247-0110	이 사	이상현	010-7170-2572
부회장	신예문	010-2275-0512	이 사	신윤호	010-4156-3439
부회장	김병걸	010-3704-4042	이 사	이영순	010-5341-2045
부회장	이성남	011-9912-3888	이 사	강이례	010-3259-5975
부회장	강병남	011-233-5300	사무국장	김채영	010-3280-9615
부회장	문혜관	010-5236-9520	편집국장	박찬현	010-2733-5280
부회장	김한석	010-8831-7108	홍보위원장	이미영	011-592-6047
부회장	신근철	011-9759-5678			
부회장	유지희	010-3362-9672			
부회장	권미향	019-354-0879			
감 사	한재서	011-771-7968			

서대문문인협회 **회원명단**

성 명	주 소	연 락 처
	시 부 문	
강인섭	(120-110) 서대문구 연희동 현대빌라 3-302	010-5222-5657
강춘장	(120-857) 서대문구 홍제3동 268-49 101호	
이상현	(120-090) 서대문구 홍제동 456 성원ⓐ 102-1702	010-7170-2572
곽종용	(120-100) 서대문구 홍은동 461-2 홍은센트레빌ⓐ 301-202	011-226-0309
권영옥	(122-082) 은평구 신사2동 307-12	010-6304-3707
김가원	(120-859) 서대문구 홍제1동 홍제현대ⓐ 107-808	010-6301-4065
김경영	(120-092) 서대문구 홍제동 삼성레미안ⓐ 103-103	010-2856-6824
김계덕	(120-796) 서대문구 현저동 독립문 극동ⓐ 109-1701	010-2374-1418
김광림	(120-847) 서대문구 홍은3동 281-7 일향빌라 302호	02)391-1736
김덕조	(120-091) 서대문구 모래내로 24가길 서건빌라 401호	017-717-9790
김병걸	(110-054) 종로구 사직동 9 풍림스페이스본 105-203	010-3704-4042
김삼환	(120-100) 서대문구 홍은동 454 극동ⓐ 106-607	
김서정	(120-091) 서대문구 남가좌1동 104-4	
김성자	(120-132) 서대문구 북가좌2동 458 가재울아이파크ⓐ 101-1201	019-439-0590
김송배	(120-825) 서대문구 연희로 11사길 16-4	010-3797-8188
김시현	(412-719) 경기도 고양시 덕양구 행신3동 903 햇빛마을 1911-602	017-336-6943
김양님	(120-857) 서대문구 홍제3동 241-44	010-7568-8569
김영순	(120-786) 서대문구 홍제4동 무악청구ⓐ 113-205	
김재기	(122-880) 은평구 신사1동 6-9 신성맨션 402호	011-9025-3236
김종제	(122-910) 은평구 응암1동 114-1 신진자동차고등학교	010-6776-4893
김지원	(120-013) 서대문구 충정로3가 32-7 건영빌라 1-301	02) 313-2377
김채영	(425-722) 경기도 안산시 단원구 고잔2동 주공ⓐ 537동303호	010-3280-9615
김철영	(120-841) 서대문구 홍은2동 8-1093 청암빌라 310호	010-5387-5759
나동환	(120-796) 서대문구 현저동 독립문 극동ⓐ 108-1804	02) 383-4559
노연식	(120-111) 서대문구 연희1동 669 4층	010-7573-8014
노정애	(120-170) 서대문구 대현동 142-8	010-4762-6331
박민영	(120-704) 서대문구 의주로 91 경찰청 409호실 기본과원칙구현추진단	018-249-9110
박종숙	(120-773) 서대문구 홍은2동 454 홍은극동ⓐ 102-1006	011-9939-4986
박진환	(120-092) 서대문구 홍제2동 96-4 3층	010-9968-6786
박찬현	(122-072) 은평구 역촌2동 59-41 삼성쉐르빌 302호	010-2733-5280

서대문문인협회 회원명단

성 명	주 소	연 락 처
	시 부 문	
박희정	(130-092) 서대문구 홍제2동 145-25 공익빌라 116호	016-355-3943
배석술	(120-130) 서대문구 북가좌동 326-5 궁중칼국수아구찜	011-729-4618
백종미	(120-857) 서대문구 홍제3동 9-46	
서성택	(120-110) 서대문구 연희동 45-3흥륜빌라 B동 201호	010-5233-7829
성기조	(120-013) 서대문구 충정로3가 465 충정리시온빌딩 423호	016-228-3013
성찬경	(120-110) 서대문구 연희동 90-4	02) 302-6717
송세희	(120-766) 서대문구 북가좌2동 삼호ⓐ 104-107	017-217-5085
송충순	(120-783) 서대문구 홍제3동 455 현대그린ⓐ 101-1403	
신성종	(120-833) 서대문구 창천동 114-8	010-2015-0217
신근철	(120-800) 서대문구 남가좌2동 5-322	011-9759-5678
신예문	(120-771) 서대문구 홍은1동 벽산ⓐ 115-602	010-2275-0512
신윤호	(120-762) 서대문구 남가좌2동 삼성ⓐ 113-803	010-4156-3539
안종원	(120-190) 서대문구 북아현동 경남ⓐ 101-1012	017-344-3171
오홍원	(443-810) 경기도 수원시 영통구 영통동 958-2	010-2751-6603
옥태순	(120-782) 서대문구 홍제2동 82 한양ⓐ 109-202	010-3315-3629
유지희	(120-101) 서대문구 홍은1동 440-1 반석블레스ⓐ 101-401	010-3362-9672
이강홍	(120-771) 서대문구 홍은1동 437-9	011-720-7577
이경교	(120-728) 서대문구 남가좌동 50-3 명지전문대 문창과 교수실	02) 751-5009/ 300-1097
이경자	(120-130) 서대문구 북가좌동 북가좌현대ⓐ 102-905	010-2809-4620
이다경	(134-080) 강동구 고덕동 494 고덕시영ⓐ 28-502	011-9061-0429
이독밀	(120-842) 서대문구 홍은1동 11-384 2층	010-2718-6507
이동원	(412-802) 경기도 고양시 덕양구 관산동 151 허즈ⓐA-105	
이동창	(120-848) 서대문구 홍은2동 377-11	019-382-3636
이미영	(120-771) 서대문구 홍은1동 455 벽산ⓐ 117-1504	011-592-6047
이 산	(120-080) 서대문구 현저동 독립문 극동ⓐ 108-1504	010-5472-0202
이상숙	(120-845) 서대문구 홍은동 188-29 삼성빌라 라-211	011-478-3100
이성남	(120-080) 서대문구 현저동 독립문 극동ⓐ 116-717	011-9912-3888
이세룡	(120-768) 서대문구 영천동 100 독립문삼호ⓐ 102-1307	
이수진	(120-865) 서대문구 북아현3동 1-451 3층	010-7351-3217

서대문문인협회 **회원명단**

성 명	주 소	연 락 처
	시 부 문	
임관영	(120-092) 서대문구 홍제2동 홍제원현대ⓐ 114-904	016-316-2527
임춘원	(120-828) 서대문구 연희1동 219-16	010-7656-2560
장호찬	(120-846) 서대문구 홍은3동 265-92	017-395-0036
정연복	(120-772) 서대문구 홍은3동 홍은현대ⓐ 203-1207	010-7934-9966
정일옥	(120-180) 서대문구 창천동 52-111	02) 333-4367
주병오	(120-110) 서대문구 연희동 740 성원ⓐ 103-1802	011-201-5375
지 수	(120-160) 서대문구 대신동 128-5 명래하우 B02	010-5791-9141
진선애	(120-130) 서대문구 북가좌동 북가좌현대ⓐ 102-202	02) 376-3493
최관하	(120-110) 서대문구 연희1동 112-35 (26/5)	017-264-5097
최금려	(120-110) 서대문구 연희동 123-9	010-2247-0110
최석명	(122-825) 은평구 녹번동 20-83	011-711-2585
한광구	(120-190) 서대문구 북아현동 190-1 법무사	
한규동	(122-822) 은평구 구산동 162-1 경향파크2동 805호	010-5390-5656
한재서	(120-110) 서대문구 연희동 740 성원ⓐ 102-1803	011-771-7968
현상길	(120-102) 서대문구 홍은2동 460 풍림아이원 107-1002	
	시조 부문	
문혜관	(120-848) 서대문구 홍은3동 328 불교문학 포교원	011-236-9520
신순애	(121-861) 마포구 아현2동 659-3	010-9610-0228
양혜순	(122-200) 은평구 진관동 165-32 서울은진초등학교	010-5457-1366
우숙자	(120-122) 서대문구 남가좌2동 376 현대ⓐ 104-804	010-4372-0109
원동은	(120-768) 서대문구 영천동 100 독립문삼호ⓐ 106-303	02) 365-6028
이양순	(137-840) 서초구 방배4동 881-26 방배대림2차 e편한세상 201-302	010-8292-1125
이영주	(120-825) 서대문구 연희1동 118-1	
이영지	(120-815) 서대문구 북가좌동 3-218 101호	010-8292-1135
이옥례	(120-815) 서대문구 북가좌2동 339-11	02) 981-7415
이윤주	(120-090) 서대문구 홍제동 무악재 무악청구ⓐ 105-705	010-7588-9545
이종기	(120-837) 서대문구 충정로3가 1-22호 새문학신문사	010-5533-2959
장미라	(120-806) 서대문구 남가좌2동 330-35	011-294-2817
한분순	(120-768) 서대문구 영천동 100 독립문삼호ⓐ 108-902	010-5304-0397
황순구	(120-090) 서대문구 홍제동 455 현대그린ⓐ 102-909	

서대문문인협회 **회원명단**

성 명	주 소	연 락 처
	민조시 부문	
김진중	(120-080) 서대문구 현저동 101	010-6863-4114
	소설 부문	
강신성	(120-090) 서대문구 홍제동 461 삼성래미안ⓐ 104-201	010-4516-6958
김병총	(120-852) 서대문구 홍제3동 6-33 홍산빌라 201호	011-304-2316
김연옥	(120-765) 서대문구 북가좌동 연희한양ⓐ 4-1403	02) 307-8129
백우암	(122-491) 은평구 응암로 25길 14 서안주택12차 302	02) 335-1097
신덕재	(120-807) 서대문구 남가좌2동 344-35 중앙치과	011-9770-0336
안 휘	(120-816) 서대문구 북가좌1동 380-13 201호	010-2575-7880
유현주	(120-859) 서대문구 홍제1동331 홍제신현대ⓐ 101-1008	
최강록	(120-190)	02) 312-6658
한말숙	(120-190) 서대문구 북아현동 1-316	011-343-3687
	희곡 부문	
곽노흥	(120-090) 서대문구 홍제동 318-18 서울문화예술대학교 연극예술학과	017-201-4168
김교식	(140-713) 용산구 이촌1동414 동부센트레빌ⓐ 101-1603	011-276-3031
노경식	(120-861) 서대문구 홍제1동 361-25 3층	
성준기	(120-103) 서대문구 홍은3동 미성ⓐ 1-106	010-2077-9353
	평론 부문	
고노에이지	(120-150) 서대문구 봉원동 42-19 백용기씨댁	010-6602-3892
고영자	(120-800) 서대문구 남가좌2동 3-109	
유창근	(120-100) 서대문구 홍은동 명지전문대 문예창작학과	010-3360-7585
정광수	(120-796) 서대문구 현저동200 극동ⓐ108-1704 해동문학	010-6660-3674
조병춘	(120-100) 서대문구 홍은2동 454 극동ⓐ 106-1407	
홍문표	(120-848) 서대문구 홍은3동 397-26	016-324-6680
	수필 부문	
강병남	(120-825) 서대문구 연희1동 137-13 남강빌딩 5층	011-233-5300
강석호	(110-240) 종로구 경운동 88 수운회관 1308호	011-219-0272
권미향	(120-846) 서대문구 홍은3동 265-338 동호맨션 102호	019-354-0879
김은희	(120-091) 서대문구 홍제1동331 홍제현대ⓐ 105-607	010-3150-8515
김정숙	(120-825) 서대문구 연희1동 109-12	02) 867-2426
김창란	(120-771) 서대문구 홍은1동 벽산ⓐ 103-703	011-221-0162
김한석	(120-768) 서대문구 영천동 100 독립문삼호ⓐ 103-1804	011-8831-7108

서대문문인협회 **회원명단**

성 명	주 소	연 락 처
	수필 부문	
단 비	(120-113) 서대문구 연희3동 성원ⓐ 103-901	02) 373-3152
류미경	(120-772) 서대문구 홍은3동 홍은현대ⓐ 101-705	017-364-4550
박경빈	(120-090) 서대문구 홍제동 무악재 무악청구ⓐ 110-306	011-447-8487
백수복	(120-782) 서대문구 홍제2동 82 한양ⓐ 105-306	02)725-4697
성시호	(120-130) 서대문구 북가좌동 431 한양ⓐ 1-112	010-6248-2211
신정화	(120-100) 서대문구 홍은2동 206-18 유림빌라 103호	02) 305-0378
심문선	(120-091) 서대문구 홍제1동157-68 광산ⓐ A-102	
윤종안	(120-110) 서대문구 연희동 217-1	010-6284-1222
이금희	(120-771) 서대문구 홍은1동 벽산ⓐ 102-902	
이명환	(120-825) 서대문구 연희동 90-4A	010-7197-6717
이미자	(120-110) 서대문구 연희동 연희성원ⓐ 103-503	011-9884-5905
이병도	(120-833) 서대문구 창천동 4-22	02) 392-0916
이상보	(120-103) 서대문구 홍은3동 186-1 미성ⓐ 5-601	010-9855-8774
이재하	(120-092) 서대문구 홍제2동 453 청구1차ⓐ 111-102	
이진화	(120-832) 서대문구 연희1동 432-45 현대빌라 302호	010-6816-6899
이희자	(120-130) 서대문구 북가좌동 431 한양ⓐ 2-1106	02) 305-6840
임수홍	(134-010) 강동구 길동 395-3 2층 도서출판 국보	010-9168-7739
장원의	(120-120) 서대문구 남가좌1동 293-5 장안과의원	011-275-6146
정봉환	(120-845) 서대문구 홍은3동 195-1	011-799-4258
정수현	(120-852) 서대문구 홍제3동 454 유원하나ⓐ 102-1204	02) 395-6106
정연숙	(139-200) 노원구 상계동 주공ⓐ 7단지 716-1205	017-285-0335
정준영	(120-111) 서대문구 연희1동 187-23	02)332-5543
조설우	(120-080) 서대문구 현저동 101-289	
차혜숙	(120-815) 서대문구 북가좌2동 334-1	017-232-2569
필영희	(120-758) 서대문구 남가좌동 376 현대ⓐ 102-1905	02) 304-6316
황유성	(120-816) 서대문구 북가좌1동 349-1 (19/7)	
홍종희	(302-122) 대전시 서구 둔산로 2가 213 청솔ⓐ 2-303	011-307-8588
	청소년 문학	
신인수	(120-835) 서대문구 창천동 114-8(21/1)1층 이종원씨댁	
	아동문학	
김선태	(120-857) 서대문구 홍제3동 273-192 노블하우스 501	010-2014-7547

서대문문인협회 회원명단

성 명	주 소	연 락 처
	아동문학	
김정옥	(120-091) 서대문구 홍제2동 무악청구ⓐ 102-1402	010-9100-8001
김한청	(120-851) 서대문구 홍은동 산26-127 명지초등학교	019-396-5150
박두순	(120-764) 서대문구 홍제3동 문화촌현대ⓐ 102-1009	010-8224-8548
서석규	(120-807) 서대문구 남가좌2동 361-4	011-9006-2951
손연자	(120-113) 서대문구 연희3동 740 성원ⓐ 103-602	
심혁창	(120-821) 서대문구 북아현동 221-11 한글M	010-6788-1382
엄예현	(120-774) 서대문구 홍은동 454 극동ⓐ 102-1504	010-2335-5322
윤일숙	(120-825) 서대문구 연희동 117-10 햇빛출판사	02) 719-4927
임인진	(120-832) 서대문구 연희1동 446-165	010-7166-5645
정영애	(120-113) 서대문구 연희3동 연희B지구 성원ⓐ103-1092	019-208-0534
최월금	(120-857) 서대문구 홍제3동 266-250	02) 395-1640
최인영	(120-845) 서대문구 홍은3동 산11-244 새한숲속마을 701호	02) 352-5226
한창희	(122-010) 서대문구 북가좌1동 144번지 DMC래미안e-편한세상 307동 502호	010-2524-9779
	문화분과	
김환옥	(120-825) 서대문구 연희동 88-30	02) 3217-1592

서대문문학 2012 서대문문학 제9호

- 편집후기 -

한해를 마무리 하면서, 따뜻한 차 한 잔의 온기가 그리워지는 때입니다.

서대문은 독립문이 지키고 홍제천이 흐르며 사시사철 안산을 둘러싸고 바라보는 구민과 함께 한강이 서울의 행복을 낳는다.

우리 회원들의 작품 한편 한편을 모아 통권 제9호 서대문문학지를 편집하면서 지난 일 년 동안 가슴깊이 새겨진 추억들이 하나하나 떠오른다.

여러 가지 어려운 여건에서도 회원 모두가 다채로운 행사를 개최하고 대외적으로 활발한 활동을 하고 싶지만, 여러 가지 여건상 부족한 점도 많다.

물론 회원님들의 활발한 창작활동과 본회 행사에 솔선수범하여 참여해 주심으로서 좋은 작품을 실어 이번에 제9호 집을 발간하게 되어 무엇보다 기쁘다.

그리고 제9호 작품집을 발행하기 위해서 편집에 참여해 주신 편집위원님들께 감사드리며, 이제 우리들의 작품이 세상에 눈을 뜨고 독자 곁으로 갈 수 있도록 도움 주신 출판사 관계자 여러분들께도 감사하는 마음이다.

2012. 12. 초겨울 어느 날.
편집위원장 이강홍 올림

초판인쇄일 2012년 12월 10일
초판발행일 2012년 12월 15일

· **펴낸이** 서성택
· **편집인** 이강홍 신예문 김채영 이미영
· **발행처** 서대문문인협회
서울시 서대문구 연희동 45-3
이메일 bok2206@hanmail.net
홈페이지 http://cafe.daum.net/sdmmh

주소 (우)134-813 서울시 강동구 길동 395-3 2층
펴낸곳 도서출판 국보
편집 : 맹신형 디자인 : 이윤숙
전화 (02)476-2757~2758
FAX (02)476-2759
웹카페 http://cafe.daum.net/lsh19577
E-mail : kbmh22@hanmail.net

정가 10,000원
ISBN 978-89-93533-41-5 00800